Madeleine Durand-Noll

Management by Joy

Neue Wege zur Unternehmenskultur

Orell Füssli

Umschlag: H. + C. Waldvogel, Zürich
Graphische Gestaltung und Satz: Publishing 2000, Idstein
Druck und Einband: Ebner Ulm
Printed in Germany
ISBN 32 80 02152 9

Inhalt

Vorwort

Nichts ist mehr wie gestern. Europäischer Binnenmarkt, Globalisierung der Weltwirtschaft und die Beschleunigung des Innovationstempos sind nur einige neue Anforderungen, denen sich die Unternehmer stellen müssen, wollen sie am Markt erfolgreich sein. Diesen von außen herangetragenen Anforderungen stehen neue Ansprüche von «innen» entgegen.

Zu den Wünschen und zu den Forderungen, die Mitarbeiter an ihren Arbeitsplatz stellen, zählen zum Beispiel Partizipation an der Entscheidung, Eigengestaltung des Arbeitsplatzes, Respektierung ihrer Persönlichkeit und Information über betriebliche Entscheidungen und Betriebsumfeld. Diese neuen Bedingungen sind kein Selbstzweck. Sie sind Mittel zur Erreichung eines Zieles: «Joy».

«Joy», das heißt nicht nur Freude, das heißt auch Erfolg. Arbeitszeit ist Lebenszeit. Menschen wollen wieder Freude an der Arbeit haben, sie wollen auch am Erfolg des Unternehmens partizipieren. Unternehmen, die auch in der Zukunft wettbewerbsfähig sein wollen, müssen dies zunehmend berücksichtigen.

Konnte sich der Unternehmer früher allein auf die Verarbeitung der von außen herangetragenen Veränderungen konzentrieren, so weht ihm heute auch innerhalb des Unternehmens der Wind ins Gesicht.

Die «Human Relations» verlangen dem Unternehmer neue, «weiche» Qualitäten ab, die er bis dato höchstens im familiären Umfeld oder im Freundeskreis trainiert hat.

Die innerbetrieblichen Strukturen erleben eine Erosion. Traditionelle Hierachiemuster werden von den Mitarbeitern zunehmend in Frage gestellt. Die Mitarbeiter fordern die Beachtung ihrer persönlichen Lebensziele, die Respektierung ihrer Persönlichkeit und weitestgehende Information über ihr betriebliches Umfeld. Sie wollen nicht mehr nur Erfüllungsgehilfe sein, sondern ihre Entwicklungsmöglichkeiten systematisch gefördert sehen.

Der Vorgesetzte fördert die Arbeitsbereitschaft und die Arbeitsmotivation seiner Mitarbeiter durch das bewußte Weitergeben von Bestätigung und Erfolgserlebnissen. Er lebt die Freude an der Arbeit, die Freude und Bestätigung durch den Erfolg vor. Er gibt eigene Bestätigung weiter.

Leistung macht mehr Spaß, wenn den Arbeitnehmern das, was sie leisten, bewußt ist und bewußt gemacht wird.

Unternehmern, die dies bereits erkannt und umgesetzt haben, winkt reiche Belohnung: Der Mitarbeiter wird zum Mitdenker und zum Mitentscheider. Sein geistiges Potential wird endlich genutzt. Er ist Ideenproduzent und zufriedener Mitarbeiter in einem. Die Trennung zwischen Privat- und Berufsleben ist keine Demarkationslinie mehr, sondern sie verschwimmt, denn der Mitarbeiter fühlt sich zunehmend mitverantwortlich für den Erfolg «seines» Unternehmens.

Die Produktivität steigt, der Qualitätsstandard verbessert sich, und die Innovationskraft wird gestärkt. Auch das Fehlzeitenproblem wird gelöst, denn ein zufriedener Mitarbeiter ist weniger «Schein»krank.

Ein Unternehmen kann nur so erfolgreich sein wie seine Mitarbeiter (es zulassen)!

In eigener Sache

Ich danke meinem Mann, durch dessen partnerschaftliches Verhalten ich nie in die Not kam, ein Yentl zu werden (vgl. das «Yentl-Syndrom» in Kapitel II), und der durch seinen großen Einsatz und sein neues Vater-Verständnis – trotz großer beruflicher Belastung – mir erst die Zeit verschafft hat, das vorliegende Buch zu schreiben.

Mein Dank gilt auch Gabriele Heinzen, die mir bei der Fertigstellung des Manuskriptes eine große Hilfe war.

Einführung

1. «Acht Stunden sind ein Tag!»

«Acht Stunden sind kein Tag» hieß vor einigen Jahren eine recht erfolgreiche Fernsehserie, die sich mit Berufs- und Alltagsproblemen scheinbar durchschnittlicher Menschen befaßte.

Stimmt das wirklich? Sind die acht Arbeitsstunden pro Tag wirklich noch nicht der ganze Tag? Ist es nicht vielmehr so, daß der Mensch sich nicht nur in den acht Stunden des Arbeitstages, sondern noch darüber hinaus in seiner weiteren wachen Zeit mit seinem Berufsleben beschäftigt? Der Titel der Serie läßt die Interpretation zu, daß neben den acht Stunden Berufsleben täglich noch eine Menge anderes Leben Platz hat.

Wie sieht denn ein durchschnittlicher Wochentagesablauf aus?

Den Morgen verbringen wir in der Regel mit der Vorbereitung des Arbeitstages: Zuerst klingelt der Wecker (er klingelt fast nur, wenn wir arbeiten müssen), dann schnell unter die Dusche, man will ja frisch sein bei der Arbeit, das Frühstück stärkt für die Arbeitsaktivitäten, die Kleider werden nach den Anforderungen des jeweiligen Arbeitsplatzes ausgesucht, als Frau legt man noch ein bißchen Make-up auf, und schon geht's los, damit man nicht zu spät zur Arbeit kommt.

Frühstücks- und Mittagspausen gehören den Gesprächen über Beruf und Berufsumfeld, und bis man endlich wieder zu Hause ist, sind weit mehr als acht Stunden vergangen. Überfüllte Bahnen, Stau, Wartezeiten am Flugplatz, dies alles gehört zum Job.

Sind wir endlich zu Hause, so läßt uns die Arbeit noch lange nicht los. Ärger wird regelmäßig mit nach Hause genommen. Unsere Partner und Kinder können ein Lied davon singen! Natürlich werden auch die Auswirkungen freudiger Ereignisse wie Gehaltserhöhungen, Erfolgserlebnisse, Genugtuung durch gutes Miteinander und die Auswirkungen eines ausgezeichneten Betriebsklimas mit heimgenommen und wirken sich positiv aufs heimische Umfeld aus.

Sofern der Beruf uns Zeit läßt, frönen wir auch Freizeitvergnügen. Wie oft aber hört auch hierbei das Denken an das Unternehmen nicht auf. Sind doch unsere Freunde und Gesprächspartner sehr oft auch Geschäftspartner und Kollegen. Wie in einem eigenen Kosmos schwirren die Mitarbeiter um ihr Unternehmen herum. Mal sind sie näher dran und mal weiter, stets jedoch im Blickfeld.

Wer mehr als die Hälfte seiner wachen Zeit zumindest die Woche über einem Unternehmen zur Verfügung stellt, für den sind acht Stunden eben doch ein ganzer Tag. Diejenigen, die ihren Berufsalltag an der Ausgangspforte des Unternehmens abstreifen können und in ein anderes Leben tauchen, sind rar.

Arbeitnehmer stellen einem Unternehmen nicht nur Arbeitszeit, sondern auch Lebenszeit zur Verfügung. Sollte Ihnen nicht auch das Recht eingeräumt werden, während ihrer Arbeit zu leben, Mensch zu sein und «Joy» zu haben?

Immer weniger Arbeitnehmer warten darauf, daß ihre Vorgesetzten dies von sich aus erkennen. Immer mehr fordern, daß ihre eigene Persönlichkeit gesehen und akzeptiert wird, daß ihre persönlichen Wünsche in ihrem Arbeitsumfeld respektiert werden und ihr betriebliches Umfeld menschengerecht gestaltet wird. Es gibt kein Humankapital, es gibt nur Menschen.

«Studiere die Menschen nicht, um sie zu überlisten und auszubeuten, sondern um das Gute in ihnen aufzuwecken und in Bewegung zu setzen.»[1]

2. Vorgehensweise

Arbeitsfreude und Arbeitsmotivation der Mitarbeiter im Betrieb werden blockiert. Diese Blockade resultiert aus verschiedenen Ursachen:

Eine Ursache liegt in dem Primat der Maschinen, das diese mit dem Beginn der Industrialisierung übernommen haben. Sie regieren über den Menschen. Nicht mehr der Mensch bestimmt den Produktionsprozeß, die Arbeit wird vielmehr von dem Leistungsspektrum und den Anforderungsbedingungen der Maschinen determiniert. Der Mensch wird zunehmend zum Störfaktor, weil Fehler allein aus seinen menschlichen Faktoren resultieren.

Eine zweite Blockade entsteht durch den Wandel von Werten und Anforderungen im Betriebsumfeld. Alte Pflicht- und Akzeptanzwerte haben vor allem für jüngere Mitarbeiter keine überragende Bedeutung mehr. Schon seit dem ersten Wertewandel in den siebziger Jahren fordert der Mensch mehr Selbstentfaltung und Berücksichtigung seiner Persönlichkeit in der Arbeitswelt. Obwohl diese Erkenntnis theoretisch bekannt ist, hat sie noch keinen praktischen Eingang in die meisten Unternehmen

---

1 Gottfried Keller, Zürcher Novellen.

gefunden. Hieraus resultieren Konflikte, die seitens der Mitarbeiter oft mit «innerer Kündigung» beantwortet werden. Experten schätzen die Quote derjenigen, die in die innere Emigration gegangen sind, auf 50 Prozent.

Die zunehmende Automatisierung und Komplexität des betrieblichen Umfeldes unterstreichen das Primat der Maschinen. Der Nutzen technischer Errungenschaften wird immer weniger erkannt. Der Mensch reagiert zunehmend orientierungslos und sieht in dieser komplexen Umwelt keine Möglichkeiten mehr für privates Glück.

Andererseits raubt die Selbstverständlichkeit, mit der die positiven Seiten technischer Errungenschaften angenommen werden, den strahlendsten Erfindungen ihren Glanz. So wird das Besondere trivial, der Segen selbstverständlich, und mit dem Glanz verschwindet auch unser Vermögen, aus ihm Glücksgefühle zu schöpfen. Ständig neue Katastrophen lassen die Technik unbeherrschbar und bedrohlich wirken, sie verunsichern und blockieren den Menschen in seiner Ideenvielfalt.

Mit dem Zerfall traditioneller Werte geht die Frage nach dem Sinn der Arbeit Hand in Hand. Auf der Grundlage von Werten erhält das Leben einen Sinn, gleichzeitig vermitteln Werte eine Norm für Handlungen. Hat der Mensch kein Wertgerüst, so ist er orientierungslos und blockiert. Ein Arbeitnehmer, der keinen Sinn in seiner Arbeit mehr sieht, schlüpft in Ausweichverhalten wie «Dienst nach Vorschrift», «innere Kündigung» und «Schein»-Krankheit ...

Eine Havard-Studie über Unternehmenswerte im internationalen Vergleich offenbart, daß es sich bei den Bekenntnissen der Unternehmen zu mehr Partizipation und Mitverantwortung der Unternehmer scheinbar nur um Lippenbekenntnisse handelt. 80 bis 90 Prozent der Topmanager der befragten Unternehmen bestehen weiterhin auf ihren Privilegien und stellen so die verkündeten Partizipationsanstrengungen durch ihr persönliches Verhalten in Frage.

Mit dem Wandel der Werte im Unternehmensumfeld ist auch ein Generationenkonflikt verbunden. Waren frühere Generationen bereit, den Ansichten und Werten der Älteren im Betrieb zu folgen, so sind sie es heute nicht mehr. Die Opinion-Leadership von Jung und Alt hat sich umgekehrt. Heute müssen sich die Alten den Jungen anpassen, wenn sie weiter im Unternehmensumfeld respektiert werden möchten.

Junge Mitarbeiter begreifen nicht, warum ältere Garden in ihren überkommenen Denkschemata verharren. Die Evolution hat sich beschleunigt, und die Umwelt stellt heute ganz neue Anforderungen, auf die die jüngere

Generation vorbereitet werden muß. Einmal erworbenes Arbeitswissen reicht nicht mehr aus für ein ganzes Arbeitsleben. Der schnelle Wandel verlangt schnelle Anpassung und ständige Wissenserweiterung.

Wird jungen Mitarbeitern und ihren Wertstrukturen kein Raum zur Entfaltung gestattet, so bleibt ihnen nur der Rückzug in eine neue Innerlichkeit.

Verkrustete Strukturen, die von Hierarchiedenken und traditionellem Führungsverhalten geprägt sind, sind weitere Gründe für die Blockade von Arbeitsfreude, Arbeitszufriedenheit und Motivation der Mitarbeiter.

Traditionelles Führungsverhalten findet heute vor allem von seiten der jungen Mitarbeiter keine Akzeptanz mehr. Sie wollen Verantwortung und lehnen Entmündigung im Betriebsumfeld zunehmend ab.

Auch die Rolle der Manager hat sich verändert. Heute ist nicht mehr die Fachkraft gefragt, heute werden Führungskräfte benötigt, die den Mitarbeitern wieder einen Sinn an der Arbeit vermitteln können. Das beschleunigte Innovationstempo läßt auch eine Spezialisierung des Wissens bei den Managern gar nicht mehr zu.

Manager müssen heute ganz neuen Anforderungen standhalten. Die Märtyrerrolle vieler Manager, ihr Aufopferungswille und die starke Fixierung auf äußere Faktoren verhindern das Finden neuer Maßstäbe. Viele glauben immer noch, daß sie ihren gutdotierten Managerposten mit ihrer Gesundheit bezahlen müssen. Morgens sind sie die ersten im Büro und abends die letzten. Sie verwechseln Quantität mit Qualität und «work mania» mit Ergebnisorientierung.

Bei auftretenden Störfaktoren dürfen Führungskräfte nicht nach Statistiken und Analyseberichten rufen, sie müssen erkennen, daß bei unternehmensinternen Problemen eine Selbstanalyse Aufschluß darüber geben kann, warum das Firmen- oder Abteilungsschiff aus dem Ruder läuft. Die Selbstmotivierungskraft und Eigenjustierung von Führungskräften ist eine Voraussetzung für die positive Motivierung von Mitarbeitern, um dann gemeinsam dem Problem entgegenzuwirken.

Vorgesetzte müssen aber nicht nur die sie hemmenden Störfaktoren erkennen, sie müssen auch eine Antenne für negative Signale ihrer Mitarbeiter entwickeln. Diese führen, wenn auf sie nicht früh genug reagiert wird, zur «inneren Kündigung».

In einem Umfeld, das jahrelang für Frauen deshalb nicht zugänglich war, weil ihnen ihre «weichen» Qualitäten als unternehmensuntauglich vorgeworfen wurden, bringt die heutige Rückbesinnung auf gerade diese «weichen» Faktoren die Frauen neu ins Spiel.

Ist der Mann in den Unternehmen wirklich das Maß aller Dinge? Noch scheint es so. Dabei stellen sich die Männer selbst ein Bein, denn die Leistungsfähigkeit und die Motivationskraft von Frauen sind längst belegt. Sie bringen oft frischen Wind und neue Ideen ein.

Freude und erwarteter Erfolg sind Grundmotivationen, um eine Leistung zu erbringen. Diese Erkenntnis hat sich im Betriebsumfeld noch nicht überall durchgesetzt. Deshalb sind Menschen für ihre Arbeit oft nur sekundär motiviert, das heißt, sie verstehen Arbeit nur als Mittel zum Zweck.

Arbeitszeit ist Lebenszeit. Der Arbeitnehmer stellt seinem Arbeitgeber Lebenszeit zur Verfügung, weil er dafür eine Gegenleistung erhält. Je bewußter die Menschen mit ihrer Lebenszeit umgehen, desto mehr werden sie die Berücksichtigung ihrer gesamten Persönlichkeit während der Arbeitszeit verlangen. Sie möchten ihre eigenen Motive im Arbeitsumfeld berücksichtigt sehen.

Erst die Erfüllung ihrer Grundmotive bringt ihnen Erfolg. Erfolgt spornt deshalb zur Leistung an, weil man das Erfolgserlebnis naturgemäß wiederholen möchte.

Zum grundlegenden Verständnis von Handlungsmotivation dient die Maslowsche Bedürfnispyramide. In Verbindung mit dem dynamischen Konzept von Correll zeigt sie auf, welche Motive den Menschen vorantreiben. Motivation bedeutet, ein Glücksangebot zu machen. Das handlungsleitende Motiv jedes einzelnen auch im Unternehmen zu berücksichtigen heißt, einen optimalen Leistungsanreiz zu geben.

Arbeit kann krank machen. Einem krankmachenden Umfeld entziehen sich die Mitarbeiter, indem sie sich den «gelben Urlaubsschein» holen. Ein großes Problem der Personalarbeit in den Betrieben sind die Fehlzeiten geworden. Vor allem Fehlzeiten, die sich aus mangelnder Motivation ergeben, Absentismus genannt, verdienen besondere Beachtung. Der Mißbrauch des Lohnfortzahlungsgesetzes wird in der Bundesrepublik Deutschland leicht gemacht. Aber der Mißbrauch ist nur eine Seite, die andere ist die mangelnde Motivation.

Zurück zu den Ursprüngen zu gelangen heißt, daß man den Mensch wieder als Ganzheit sieht. Auch wenn die Einheit des Menschen im betrieblichen Umfeld oft noch negiert zu werden scheint, so ist es doch Tatsache, daß der Mensch nicht nur aus Ratio, sondern auch aus Emotionen besteht. Emotionale Konflikte werden mit an den Arbeitsplatz und mit nach Hause genommen oder entstehen dort. Sie beeinflussen die Arbeitsleistung maßgeblich. Reine Rationalität kann diese Konflikte nicht ausschalten. Der Mensch ist aber nicht nur ein Individuum, er ist auch ein Gruppenmitglied.

Erst die Gruppe ermöglicht ihm seine persönliche Einordnung. Die soziale Rangordnung hat ein Spiegelbild im Hierarchiemuster der Unternehmen. Das Solidaritäts- und Subsidiaritätsprinzip sind Baugesetze der Gesellschaft. Sie beschreiben das Miteinander der Menschen. Es sind Seinsprinzipien, die nicht nur für den Makrokosmos Gesellschaft, sondern auch für den Mikrokosmos Unternehmen Gültigkeit haben.

Es sind gleichzeitig ethische Prinzipien, die das Miteinander der Menschen in Gesellschaft und Unternehmen regeln. Der Mensch ist eine Einheit, das heißt, daß seine Dreidimensionalität (Körper-Geist-Seele) Eingang in die Betriebe finden muß. Körper, Geist und Seele müssen in Harmonie zueinander stehen. Findet diese Erkenntnis in den Betrieben keine Berücksichtigung, so wird den Mitarbeitern der Sinn ihrer Arbeit nicht bewußt. Sie sind demotiviert, fühlen sich übergangen und in ihren Leistungen unterschätzt. Die Beachtung ethischer Prinzipien baut eine Brücke zum Mitarbeiter. Ein Mitarbeiter, der sich in seiner ganzen Persönlichkeit respektiert fühlt und einbringen kann, zeigt eine höhere Arbeitsbereitschaft, eine Verbesserung des Verantwortungsgefühls und eine höhere Arbeitsproduktivität.

Hier knüpft Management by Joy an: Die Menschen müssen wieder Freude an ihrer Arbeit empfinden. Auch im betrieblichen Zusammenhang muß für sie eine Befriedigung der sie handlungsleitenden Motive möglich sein. Erst wenn sie ihren Motiven folgen können, sind sie primär motiviert, und erst die primäre Motivation macht Erfolgserlebnisse, macht Joy möglich. Erfolgserlebnisse sind wiederum der Schlüssel zur Motivation. Leistungsbereitschaft, Leistungssteigerung und Arbeitsfreude resultieren direkt aus der Erwartung der Befriedigung eines Grundmotivs.

Für die Unternehmer ergibt sich nur ein möglicher Weg, hierauf zu reagieren, nämlich der Einbeziehung der Menschen in das betriebliche Umfeld. Dies wird zum einen durch die Schaffung eines handlungsleitenden Rahmens und zum zweiten durch prozeßsteuernde Maßnahmen unterstützt. Erst ein solches kombiniertes, rundes Konzept führt zur Berücksichtigung des ganzen Menschen und damit zum Erfolg. Punktuelle Maßnahmen bleiben außen vor und können das Ziel niemals langfristig sichern. Ein wirklicher Umschwung kann im Unternehmen nur dann erreicht werden, wenn die Führungsspitze sich selbst dem Zielprofil unterwirft. Die besten Strategien und Maßnahmen zur Steigerung von Arbeitsfreude und Schaffung von Erfolgserlebnissen können wirklich wirksam nur dann durchgesetzt werden, wenn auch die Manager dazu bereit sind.

Der Ordnungsrahmen im Unternehmen wird durch die Schaffung beziehungsweise Gestaltung einer tragfähigen Unternehmenskultur gestaltet. Eine von allen Beschäftigten im Betrieb gestaltete und gemeinsam getragene Unternehmenskultur entfaltet eine ungeheure Motivationskraft. Zusätzlich bringt sie weitere positive Wirkungen: Sie wirkt direkt auf das Image des Unternehmens und beeinflußt so seine Außenwirkung.

Sie prägt maßgeblich die Kommunikation innerhalb und außerhalb des Unternehmens, und durch eine dynamischen Ausgestaltung können neue – junge – Werte integriert werden. Beispiele aus der Praxis belegen diese Motivationskraft.

Ist durch die Unternehmenskultur ein Ordnungsrahmen geschaffen, dann ist die nächste weiterführende Frage: In welcher Weise können Mitarbeiter verstärkt in das Unternehmen eingebunden werden? Soll es sich mehr um eine ideelle oder mehr um eine finanzielle Partizipation handeln? Wie lassen sich die Motivationsblockaden am besten aufbrechen? Unternehmen wie Webasto, Megerle, Klöckner Edelstahl, Knürr und Opel geben hier Beispiele.

Mit Hilfe des visionären Managements lassen sich Arbeitsprozesse auf motivationalem Wege steuern. Visionäres Management zielt auf die emotionale Komponente des Menschen ab. Es werden Sehnsüchte geweckt oder entdeckt und deren Erfüllung versprochen. Aber Visionen sind auch nicht unproblematisch. Ob visionäres Management tatsächlich die erwartete Produktivitätssteigerung bringt und den Mitarbeitern das ersehnte Glücksmoment spendet, hängt entscheidend von den Fähigkeiten der Manager ab.

Information und Kommunikation sind wesentliche Bausteine der Prozeßsteuerung, sie sind Machtmittel. Mit Hilfe der Kommunikation können Blockaden aufgebrochen werden. Andererseits schaffen zurückgehaltene Informationen und blockierte Kommunikationswege neue Mauern im Betrieb. Alte Garden, die ihre Informations- und Kommunikationsprivilegien nicht aufgeben möchten, sitzen immer noch in Schlüsselpositionen. Mit Hilfe der Zangen-Methode kann hier eine Aufweichung erfolgreich in Angriff genommen werden. Offene Kommunikationskultur, die Mitarbeiter zu Mitdenkern und Mitentscheidern macht, verhindert Reibungsverluste und Mißverständnisse. Hierbei müssen alle Ebenen berücksichtigt werden.

Kommunikationsmarketing gehört zu den Mitteln, die helfen sollen, der Informationsflut Herr zu werden; es erfordert aber Fingerspitzengefühl. Ein Aussieben von Informationen und das Vorschreiben von Kommunikationspfaden kann zu neuen Mißverständnissen führen. Alte Privilegien leben dann wieder auf.

Die Schaffung eines Ordnungsrahmens in Verbindung mit unternehmensrelevanten Partizipationsmodellen bilden gleichzeitig das Umfeld, in dem Joy, also Arbeitsfreude und Erfolgserlebnisse, für die Mitarbeiter möglich wird. Kombinierte prozeßsteuernde Maßnahmen des visionären Managements und des Informations- und Kommunikationsmanagements leiten die Motivation der Mitarbeiter in die erwünschten Bahnen.

Hat der Manager die Bedürfnisse seiner Mitarbeiter erkannt, so wird er mit Hilfe der vorgestellten Mittel bei ihnen Arbeitsfreude wecken können. Die Arbeitsfreude führt zu Leistungssteigerungen, die sich direkt auf die Produktivität des gesamten Unternehmens auswirken. An den Erfolgen des Gesamtunternehmens partizipiert der Mitarbeiter ideell und gegebenenfalls auch finanziell. Die Erfolge «seines» Unternehmens sind auch seine Erfolge. Diese Botschaft hat er dann verstanden.

Für die Geschäftsleitung gilt, daß die Firma immer nur so erfolgreich ist wie ihre Mitarbeiter. Management by Joy hat also nicht nur für die Mitarbeiter, sondern auch für die Unternehmensleiter zukunftsweisenden Wert.

Motivierte Mitarbeiter werden zum Engpaßfaktor der neunziger Jahre. Humanität und Hedonismus sind also ein blankes Erfordernis, wenn ein Unternehmen wettbewerbsfähig bleiben will.

II. Die Blockade

Warum ziehen heute nicht mehr alle Mitarbeiter eines Unternehmens «an einem Strang»?

Gesamtgesellschaftliche Strukturveränderungen, das Aufbrechen von Demarkationslinien und die Globalisierung der Weltwirtschaft, all dies sind äußere Zeichen einer mentalen Veränderung. Was für den Makrokosmos Erde möglich ist, scheint im Mikrokosmos Unternehmen noch blokkiert zu sein.

Menschen lassen sich immer weniger gefallen. Mitarbeiter, die nicht ihren Fähigkeiten entsprechend eingesetzt werden, Mitarbeiter, die entmündigt werden, und auch solche, denen das Miterleben und die Mitverantwortung für den Unternehmenserfolg vorenthalten werden, sind demotiviert.

Ihre Arbeitsbereitschaft und ihre Arbeitsmotivation werden auf verschiedene Arten blockiert. Eine Blockade entsteht durch das Primat der Maschinen. Anstatt dem Menschen zu dienen, dient der Mensch ihnen. Sie diktieren seinen Arbeitsrhythmus und die Bedingungen seines Arbeitsumfeldes. Sachzwänge und «menschliches Versagen» als Unglücksursachen, das sind Zeichen, die erkennen lassen, daß nicht mehr die Dinge dem Menschen dienen, sondern der Mensch zunehmend den Dingen ausgeliefert ist und sich an ihnen orientieren muß.

Wenn etwas nicht klappt, so ist der Mensch die Ursache. Müßte es aber nicht umgekehrt sein, müßte nicht der Mensch im Mittelpunkt der Schöpfung stehen? Und die Dinge? Sollten sie nicht dem Menschen eine Hilfe sein? Die Werte haben sich umgedreht beziehungsweise sind von den Menschen selbst verdreht worden.

Die Fortschrittsgläubigkeit hat den Menschen aus dem Zentrum des Lebens hinauskatapultiert. Seine «menschlichen» Fehler stören den Produktionsprozeß. Der Mensch wird zum Sicherheitsrisiko und zum Fehlerfaktor Nummer 1. Ob in Tschernobyl ein Reaktor explodiert, in Bayern ein Zug entgleist oder vor der kanadischen Küste ein Supertanker verunglückt – immer ist es der Mensch, dem die Schuld zugeschoben wird. Die seelenlosen Supermaschinen funktionieren einwandfrei – wenn sie nur letztendlich nicht immer noch von Menschenhand geführt werden müßten! Ist es da ein Wunder, wenn Menschen die Freude an der Arbeit verlieren und wenn sie sich von den Maschinen und dem Produktionsprozeß versklavt fühlen?

Die zunehmende Komplexität des betrieblichen Umfeldes erschwert auch Identifikationsprozesse. Der Glanz neuer technischer Errungenschaften verblaßt schnell im betrieblichen Umfeld. Die Beschleunigung des Innovationsprozesses läßt den Menschen nicht zur Ruhe kommen. Die Entwicklungen der vergangenen Jahre, die mitunter eher revolutionär-explosiven denn evolutionären Charakter hatten, stellen Entscheidungsträger jeglicher Couleur vor ständig neue Probleme.

Die Erosion unternehmensrelevanter Werte schreitet unaufhaltsam voran. Kaum ein Vorgesetzter kann sich heute noch auf Werte wie etwa Firmentreue, Pflichtbewußtsein, Arbeitsamkeit und Anpassungsbereitschaft stützen, Werte, die bis zu Beginn der achtziger Jahre ein bequemes Ruhekissen für Unternehmenseigner darstellten.

Verfolgte der Arbeitnehmer auch nicht die gleichen Ziele wie sein Arbeitgeber, so war doch wenigstens sichergestellt, daß er sich diesen nicht widersetzte, sondern seine Arbeitskraft entsprechend dem herrschenden Wertsystem voll einbrachte. Diese Zeit ist passé. Das heißt aber nicht, daß es keine Werte mehr gibt. Der Erosion überkommener Werte steht die Entwicklung neuer Wertstrukturen gegenüber. Gerade von jungen Mitarbeitern werden neue Wertetrends in die Unternehmen eingebracht. Wenn die Führungsspitze hierauf nicht reagiert und die positiven Aspekte neuer Trends nicht in das Wertekonzept des Unternehmens integriert, sind Konflikte vorprogrammiert: Der Wertewandel, die oft fehlende Unternehmensidentität, das vermißte Zugehörigkeitsgefühl führen zur Verunsicherung und Desorientierung der Mitarbeiter.

Leitende Angestellte und Unternehmer mit herkömmlichem, inzwischen überkommenem Führungsverhalten provozieren Konfrontationen, die die Motivation der Mitarbeiter und damit den Arbeitsablauf im Betrieb erheblich stören.

Mitarbeiter, die nicht ihren Fähigkeiten entsprechend eingesetzt werden, Mitarbeiter, die entmündigt werden, und auch solche, denen das Miterleben und die Mitverantwortung für den Unternehmenserfolg vorenthalten werden, sind demotiviert. Sie zeigen Ausweichverhalten zum Beispiel in Form von Dienst nach Vorschrift, holen sich den «gelben Urlaubsschein» oder – die schlimmste Folge falschen Vorgesetztenverhaltens – sprechen die «innere Kündigung» aus.

Eine weitere Blockade kann sich aus dem Aufeinandertreffen unterschiedlicher Generationen im Betrieb ergeben. Der Generationenkonflikt ist von Werten geprägt, die von den verschiedenen Generationen unterschiedlich getragen werden. Das Verhältnis zwischen alt und jung erlebt eine Wandlung, die in früheren Zeiten undenkbar gewesen wäre.

Die Freude an der Arbeit und die Arbeitsbereitschaft werden auch durch verkrustete Strukturen blockiert. Hierarchiedenken wie ehedem und traditionelles Führungsverhalten finden heute vor allem von seiten der jungen Mitarbeiter keine Akzeptanz mehr.

«Heute schon gefreut?» Warum fragen rot-weiße Aufkleber die Mitarbeiter des Unternehmens Megerle in Nürnberg während ihrer Arbeitszeit nach einer Emotion, die für viele Führungskräfte und Unternehmensleiter immer noch eher ins Privatleben gehören?

Der Mensch ist eine Einheit und Ganzheit. Niemand würde das je bestreiten. Trotzdem erscheint es oft so, als sollte der Mensch einen Teil seiner Persönlichkeit an der Eingangspforte des Unternehmens, für das er arbeitet, abstreifen. Einzelne Teile von Geist, Körper und Seele soll er in seine Arbeit einbringen, bei anderen Teilen wiederum ist dies vollkommen unerwünscht.

Im strategischen Management der neunziger Jahre werden der Personaleinsatz, die Personalführung und vor allem die Fähigkeit zur Mitarbeitermotivation die ausschlaggebende Rolle spielen. Wer sich hier früh genug fit macht, erringt einen Wettbewerbsvorteil erster Güte. Mitarbeitermotivation ist ein wesentlicher Baustein der Unternehmenskultur.

1. Das Primat der Maschinen

Nachwehen der Industrialisierung

Mit Beginn der Industrialisierung im vorigen Jahrhundert brach ein neues Zeitalter der Bewertung der menschlichen Leistung an. War die Produktion vorher auf Handwerksbetriebe beschränkt, übernahmen nun Maschinen den zentralen Produktionsprozeß. Dies hatte zur Folge, daß auch das Verhältnis zwischen Mensch und Maschine eine grundlegende Änderung erfuhr.

Vorher hatten die Handwerksgeräte und die handbetriebenen Kleinmaschinen dem Menschen bei der Arbeit gedient, dies kehrte sich nun um. Der Mensch gestaltete nicht mehr eigenverantwortlich den Produktionsprozeß, sondern wurde zum Handlanger von Maschinen. Diese diktierten den Arbeitsprozeß und das Arbeitstempo. Die Arbeit wurde entmenschlicht. Die Maschinen übernahmen die Vorherrschaft über den Menschen. Sie raubten der Arbeit ihren Sinn und den Menschen die Arbeitsfreude.

Die Industrialisierung hatte nicht nur direkte Auswirkungen auf den Arbeitsplatz, sondern auch auf das gesamte menschliche Umfeld. Das Entstehen von größeren Industrien begünstigte das Wachstum von Industriestandorten. Hier fanden die Menschen Arbeit, hier zogen sie mit ihren Familien hin.

Die Bauernbefreiung schaffte die Bedingungen für ein neues Industriearbeiterpotential. Dörfliche Strukturen zerfielen mehr und mehr, und ein bis dato unbekanntes Industriearbeiterproletariat entstand. Das große Angebot an Arbeitskräften ließ die Preise für menschliche Arbeitskraft ins Bodenlose fallen. Frauen und Kinder wurden in den Arbeitsprozeß eingespannt, um der Familie das Überleben zu sichern. Damit schloß sich der Teufelskreis: Je mehr Menschen ihre Arbeitskraft anboten, desto geringer wurde der Lohn, und je geringer der Lohn war, desto mehr Familienmitglieder mußten mitarbeiten. Menschen litten Not, weil Maschinen die Arbeit determinierten.

Je weiter die Industrialisierung voranschritt, desto mehr Möglichkeiten wurden entdeckt, den Arbeitsprozeß weiter aufzugliedern. Das Resultat war die Fließbandarbeit, bei der die Mitarbeiter jeweils nur noch einen einzigen Handgriff auszuüben hatten. Ihr einziger Vorzug gegenüber den Maschinen war, daß sie zu einem Handgriff fähig waren, den Maschinen zu dieser Zeit zumindest kostengünstig noch nicht ausführen konnten.

Der Mensch wurde nicht mehr als eine Ganzheit gesehen. Er brachte nicht mehr wie früher im bäuerlichen oder handwerklichen Betrieb seine ganze Persönlichkeit ein, sondern er wurde zum komplementären Faktor von Maschinen degradiert, denen er sich wohl oder übel anpassen mußte.

Offene Kritik an seiner Situation konnte er kaum üben, zu sehr mußte er darauf bedacht sein, seinen Arbeitsplatz zu erhalten, um seine Grundbedürfnisse wie Essen und Trinken zu erfüllen. Zu viele andere konnten seine Arbeit auch tun. Für die neue Maschinenarbeit benötigte man keine spezielle Qualifikation, und so war der Konkurrenzdruck entsprechend hoch. Unter Bedingungen, die man heute höchstens dem Land «Utopia» zuschreiben würde, wurde der Mensch zum Teil der Maschine, zum Rädchen im Getriebe. Funktionierte das Rädchen nicht, so wurde es einfach ausgewechselt.

Die hohe soziale Not der Arbeitnehmer gegen Ende des vorigen Jahrhunderts führte zu sozialen Unruhen. Für die Behebung des Arbeitnehmerdilemmas fühlte sich aber dann nicht – nach dem Verursacherprinzip – der Arbeitgeber, sondern die damalige Regierung unter Fürst Bismarck verantwortlich. Mit dem Sozialversicherungsgesetz versuchte man, dem sozialen Sprengstoff die Zündschnur zu entfernen. An der entmenschlichten neuen Arbeitswelt änderte sich aber nichts. Die Maschine blieb Herzstück des Produktionsprozesses und damit des Unternehmens.

Heute wollen die Menschen nicht mehr Rädchen im Getriebe sein. Wer dennoch dazu gemacht wird oder sogar dazu gezwungen wird, der entpuppt sich dann auch mal als Sand im Getriebe.

Heute wollen die Mitarbeiter in ihrer ganzen Persönlichkeit gesehen und akzeptiert werden. Sie wollen in ihrer Arbeit einen Sinn sehen, sie wollen ihre Arbeit und ihr Arbeitsumfeld mitgestalten und auch am Erfolg ihrer Arbeit beteiligt sein. Die Freude an der Arbeit ist ihnen heute zum großen Teil wichtiger als die Bezahlung. Aus dem Komplementärfaktor Mensch muß wieder der Hand- beziehungsweise Kopfwerker von früher werden, dem die Maschinen lediglich zur Herstellung der Unternehmensleistungen dienen.

Der Mensch zwischen Automatisierung und Komplexität des betrieblichen Umfelds

Auf dem 4. DGFP-Kongreß stellte Lutz Reuter, beratender Geschäftsführer der Digital Equipment Corporation International, Genf, vier wesentliche Beeinflussungsfaktoren des Wertschöpfungsprozesses dar, die seiner Meinung nach maßgeblich an der Erhöhung der Komplexität des betrieblichen Umfelds beteiligt sind: Technologie, Geographie, Organisation und Mitarbeiter.

Im Bereich Mitarbeiter seien es vor allem veränderte Wertschätzungen, die neue Anforderungen stellten; «grünes» Denken, starker Ich-Bezug und Ablehnung von Hierarchie seien nur die Spitze des Eisberges.

Diese Faktoren hätten eine starke Querverbindung, seien unterschiedlich in ihrem Verhalten und beschleunigten oder bremsten sich gegenseitig. In jedem Fall stehe fest, daß die Komplexität zunähme, manchmal sogar chaotisch werde.

Die verschiedenen Ansätze modernen Managements zielen – nach Lutz Reuter – auf eine Reduktion der angesprochenen Komplexität. Leider werde aber die Lösung oft durch höhere Automatisierungsgrade in großen

Organisationseinheiten gesucht. Abnehmende Flexibilität und zunehmende Inhumanität der Arbeit seien meist die Folge.[2]

Die Gefahren eines höheren Automatisierungsgrades liegen aber nicht nur in der zunehmenden Inhumanität der Arbeit, sondern auch im zunehmenden Verlust des Verständnisses der betrieblichen Vorgänge. Je komplexer das betriebliche Umfeld den Mitarbeitern erscheint, desto mehr werden ihnen Identifikationsprozesse erschwert. Die Undurchschaubarkeit kann nur durch gezielte Information aufgefangen werden. Hier müssen Kommunikations- und Informationssysteme kreiert werden, die dem Menschen Orientierungshilfen geben.

Das Primat der Maschinen gilt so lange nicht, wie dem einzelnen Mitarbeiter die Maschinen beherrschbar erscheinen. Verliert er das Gefühl, die Maschinen im Griff zu haben und ihnen seinen eigenen Willen vorgeben zu können, dann dreht sich der Spieß um, dann erscheinen sie ihm als Monstren, die ihn beherrschen. Er ist blockiert und nicht mehr motiviert. Die Maschinen, so scheint es ihm, wollen seinen Lebensrhythmus bestimmen. Dem wird er sich entziehen, sobald ihm hierzu eine Chance eröffnet wird. Oder er resigniert und liefert sich den Maschinen aus. Beide Verhaltensweisen sind in der Regel nicht mit den Unternehmenszielen zu vereinbaren.

«Der Fortschritt der Technik und das Verlangen nach Glück»

So hat Professor Ulrich Hommes seinen Vortrag genannt, den er anläßlich der 6. Informationstagung und Fachausstellung für die Steuerberatungspraxis 1990 in Nürnberg hielt. Er referierte unter anderem über einen weiteren ungelösten Konflikt des Menschen in der Arbeitswelt:

«Da arbeitet manch einer tagsüber an Entwicklungen, die er abends verdrängen zu müssen meint, weil die allgemeine Diskussion eben den Unheilsmöglichkeiten des Fortschritts einen absoluten Vorrang einräumt. Das heißt die Vorbehalte draußen und die Art ihrer Diskussion wirken sich

2 Lukas, Andreas, 4. DGFP-Kongreß, Unternehmensorientierte Personalarbeit: Personal zu der Erfolgsdeterminanten machen (Gablers Magazin 9.91, S. 32 ff.)

drinnen als Belastung des Verhältnisses zur eigenen Arbeit aus, produzieren geradezu ein schlechtes Gewissen. Dann aber ist man nicht nur weit entfernt davon, aus dem, was man tagein und tagaus tut, auch Befriedigung zu ziehen, auf Dauer verliert sich viel mehr Kraft und Schwung, man wird unsicher und müde.»[3]

Der hier sichtbar gemachte Konflikt bedarf insofern besonderer Aufmerksamkeit, als gerade die Technik und ihre Weiterentwicklung lange Zeit als ein wesentlicher Baustein unseres Glücks gesehen wurde, verschafft sie uns doch die materiellen Grundlagen einer gesicherten Existenz. Nicht nur die pure Existenzsicherung verdanken wir ihr, nein, darüberhinausgehend offeriert sie uns oft die Möglichkeit eines regelrechten Konsumrausches.

Aber es gibt ja nicht nur die einkommenswirksame Seite der Technik, sie stellt eher einen abgeleiteten Nutzen dar, es gibt ja vor allem auch den direkten Nutzen. Gemeint ist hier die tägliche Hilfestellung durch technische Errungenschaften. Sei dies das Auto, das uns bequem zu jedem gewünschten Ziel bringt, sei es die Waschmaschine, die Hunderte von Stunden härtester körperlicher Tätigkeit erspart. Was täten wir heute in unseren Büros ohne Computer oder Rechenmaschine? Muß uns dies alles nicht glücklicher machen? Eher das Gegenteil ist der Fall: «Immer mehr Menschen fühlen sich innerlich leer und äußerlich bedroht, und immer weniger schauen voll Zuversicht auf das, was kommt. Wo hier überhaupt noch von Glück geredet wird, ist der Glücksbegriff der Enge, der Ungereimtheit und der Widersprüchlichkeit der bestehenden Wirklichkeit gegenüber meist mit der ganzen Sehnsucht des Menschen befrachtet, einmal doch wirklich ganz zu sein, befreit, versöhnt, erlöst und heil. Glück scheint etwas Äußerstes zu besagen, ein Letztes, Vollendung dessen, was ist».[4] Damit wird das Glück unerreichbar.

Die Desolation, in die viele sich getrieben fühlen, die Desorientiertheit, die sie keinen Ausweg mehr sehen läßt, verhindern zusätzlich das Empfinden von Glück und verstärken andererseits das Glücksverlangen. Glück wird überzeichnet. Je mehr der Mensch nach dem Glück verlangt, desto höher scheint der Korb mit dem Glück zu hängen. Behindern wir uns nicht selbst, indem wir unsere Erwartungen immer höher schrauben? Sollten

---

3 Hommes, Ulrich, der Fortschritt der Technik und das Verlangen nach Glück (DSWR, Datenverarbeitung/Steuern/Wirtschaft/Recht, Sonderheft 1991, Nürnberg 1991, S. 140).

4 Vgl. ebenda, S. 140 f.

wir nicht anfangen, das Glück auch wieder im kleinen zu sehen? Das allumfassende Heil wird uns heute niemand mehr geben können.

Wir haben es selbst in der Hand, glücklich oder unglücklich zu sein. Welcher Mensch ist wohl glücklicher: derjenige, der zu einem halben Glas Wein sagt: «Es ist ja noch halb voll!», oder der, der sagt: «Es ist ja schon halb leer!»?

«Sich glücklich zu fühlen ..., dies bedeutet nicht, aller Sorgen enthoben zu sein und alle Probleme gelöst zu haben, es heißt, inmitten von allen Sorgen und Problemen sich bestätigt zu fühlen, bejaht und erfreut. Glück setzt nicht Vollkommenheit voraus, Glück hat zu tun mit Dingen, Umständen und Beziehungen, an denen mir aufgeht, daß es schön ist und gut zu leben.»[5]

Dem Arbeitnehmer, der nach getaner Arbeit mit schlechtem Gewissen nach Hause geht, weil er sich durch die allgemeine Diskussion über die Unheilsmöglichkeiten des Fortschritts in einen Konflikt zu seiner Arbeit gesetzt fühlt, muß der eigentliche Sinn der Technik erst wieder verdeutlicht werden. Zur Technik zählt schon der erste Faustkeil, der dem Urmenschen das Überleben sicherte. Der Mensch ist, darauf weist Hommes mit Blick auf die philosophische Anthropologie hin, ein Mängelwesen. Es fehlt ihm an notwendigen Instinkten und Organen. «Ein solches Mängelwesen wäre in jeder bloßen natürlichen Umwelt lebensunfähig. Der Mensch ist darauf angewiesen, durch eigene Tätigkeit die vorgefundenen Naturumstände so zu verändern, daß er darin leben kann.»[6]

Erst die Technik sichert dem Mängelwesen Mensch den Raum zum Leben. Die Selbstverständlichkeit, mit der wir heute all die positiven Seiten technischer Errungenschaften zur Seite schieben und ihre negativen Folgen beachten, zeigt, wie selbstverständlich und unachtsam wir dem gegenüber geworden sind, was uns umgibt. Der Alltag raubt den strahlendsten Erfindungen ihren Glanz. Mit dem Glanz verschwindet auch unser Vermögen, aus ihnen Glücksgefühle zu schöpfen. Das Besondere wird trivial. Der Segen wird selbstverständlich.

Auf keinen Fall sollen die Gefahren der Technik unter den Tisch gekehrt werden. Nur ist die Technik an sich nicht der Teufel an der Wand. Die Schatten, die heute die Freude an neuen ebenso wie an alten technischen Errungenschaften trüben, werden von Menschen geworfen.

---

5 Hommes, U., a.a.O. S. 142.

6 Hommes, U., a.a.O. S. 142.

Die wirkliche Bedrohung, die viele angesichts der für den Normalbürger kaum noch gedanklich faßbaren Entwicklungen empfinden, resultiert nicht aus der Technik, sondern aus dem Umgang mit ihr und dem Verhalten der Menschen. Die Technik ist nur ein Mittel zum Zweck, ein Instrument, das uns hilft, ein wildes Umfeld urbar zu machen. Ob wir Feind oder Partner der Natur werden, liegt allein an uns.

2. Der Wandel von Werten und Anforderungen

Was sind Werte?

Was sind eigentlich Werte? Nach Helmut Klages sind Werte «nach einer kaum bezweifelten Übereinkunft ‹die› entscheidenden Führungsgrößen im Hintergrund menschlicher Handlungen ...»[7]

Sie beeinflussen und steuern, so Klages weiter, menschliche Wahlakte und Entscheidungen, Zustimmungen und Ablehnungen, Bevorzugungen und Vermeidungen, Willensbekundungen und Leitbilder.

Jeder Mensch handelt und beurteilt die Handlungen anderer nach seinem eigenen Wertesystem. Dieses persönlichkeitsgebundene Wertesystem entsteht in seinen Grundzügen bereits in der Kindheit. Aus der Komplexität der sie umgebenden Wertschemata schält die neue Persönlichkeit diejenigen Verhaltensgrundsätze für sich heraus, die ihm «wert»-voll erscheinen. Bei der Annahme oder Abwehr von Werten spielen Erziehung, kulturelles Umfeld und die mitgebrachte Individualität eine Rolle. Der Grundstein für jede eigenständige Persönlichkeit wird also bereits in der Kindheit gelegt. Neue Werte mögen mit der Zeit hinzutreten und alte ablösen, aber die Grundzüge der Persönlichkeit bleiben ein Leben lang erhalten.

---

7 Klages, H., Wertewandel: Rückblick, Gegenwartsanalyse, Ausblick (Feix, Wilfried E. (Hrsg.), Personal 2000, Visionen und Strategien erfolgreicher Personalarbeit, Wiesbaden 1991, S. 53).

Wertewandel

Wenn vom Wertewandel die Rede ist, so kann also nur ein Wandel gemeint sein, der ganze Generationen betrifft. Ein Wertewandel findet nur begrenzt in der eigenen Person statt, er ist eher als ein Umdenken in der Gesamtgesellschaft aufzufassen. Dieses Umdenken kommt meist durch die Einflüsse neuer, von jüngeren Generationen eingebrachter Werte zustande. Der Umdenkungsprozeß betrifft dann aber die gesamte Gesellschaft.

Die Bereitschaft zum Wertewandel kann in einer Gesellschaft schon über eine längere Zeit latent vorhanden sein, ohne daß der Wertewandel tatsächlich vollzogen wird. Die Unzulänglichkeit bestehender Werte muß erst vom unterbewußten Unwohlsein zum bewußten Wahrnehmen gelangen.

Gerd Gerken unterscheidet einen ersten und einen zweiten Wertewandel nach dem 2. Weltkrieg. Der erste Wertewandel vollzog sich, so Gerken, zwischen 1965 und 1979. Er brachte in erster Linie ein Umkippen der Werte. «Vor 1965 dominierten die Pflicht- und Akzeptanzwerte, also klassisch-bürgerliche und leistungsprotestantische Werte. Der Mensch hat sich anzupassen, und er kann nur durch harte Arbeit erfolgreich sein.»[8]

Hippies, Studenten, Bürgerinitiativen, ökologisch-grüne Initiativen, Frauen- und Friedensbewegung und ähnliche Gruppen brachten die Wertelandschaft in Deutschland in Bewegung.

Nach Gerken hat es die «neuen Werte», die selbstentfaltungsorientiert sind, wie Kreativität, Autonomie, Spontaneität, Freiheit und ehrliche Zwischenmenschlichkeit allerdings schon immer gegeben. Sie wurden nur deshalb nicht nach außen getragen, weil zuviel Individualismus nicht der Karriere schaden sollte.

So wird dieser erste Wertewandel von Gerken auch als kein eigentlich innovativer Akt, sondern lediglich als eine Veränderung in den Rangpositionen verstanden.[9] Der erste Wertewandel hat dadurch, daß keine neuen Werte hinzugetreten sind, den Menschen keine neue Wertstruktur beschert, mit der sie in der Lage gewesen wären, die neuen globalen Probleme zu beurteilen und zu lösen. Der Weg zu mehr Selbstentfaltung zeigt einen Rückzug des Menschen auf sich selbst und seine eigene

---

8 Gerken, Gerd, Management by Love, Mehr Erfolg durch Menschlichkeit, 4. Auflage, Düsseldorf, Wien, New York 1991, S. 68.

9 Vgl. ebenda.

Persönlichkeit an. «Deshalb wird der kommende Wertewandel Nummer zwei eine völlig neue Wertedimension in das obere Prioritätenfeld schieben: den kreativen Altruismus. Aber dieser Altruismus wird ein aktiv-aggressiver Altruismus sein mit einer bewußt konstruktiv-dynamischen Note.»[10] Gerd Gerken denkt hier weiter, als manche Manager von Wirtschaftsunternehmen ihm folgen können. Grenzensprengende Probleme müssen in Zukunft gelöst werden. Ob Ozonloch, Verseuchung der Meere und Flüsse, Vergiftung der Atemluft, Brandrodung der Urwälder oder Golfkrieg, alles hat einen Ursprung im wirtschaftlichen Bereich.

Obwohl Unternehmen den Mittelpunkt der gesamten Entwicklung bilden, das Management zur einflußreichsten gesellschaftlichen Institution wird, fühlen sich Unternehmer und ihre Führungskräfte nicht für gesamtgesellschaftliche Probleme – geschweige denn globale Weltprobleme – verantwortlich. Die gesamtgesellschaftliche Ebene fällt einfach unter den Tisch.[11]

Verantwortung von Mensch und Betrieb

Viele Menschen beängstigt die Weltentwicklung. Sie leiden unter psychischem Streß, weil sie keine Möglichkeit sehen, an der Lösung dieser Probleme mitzuwirken. Ihre Unzulänglichkeit bedrückt sie, und ihre Hilflosigkeit gibt ihnen ein Gefühl von Ausgeliefertsein, dem sie nichts entgegensetzen können. Sind sie über die erste hilflose Starre hinweg, so versuchen sie oft, wenigstens in ihrem eigenen Wirkungskreis nach Lösungen zu suchen. Sie empfinden ihre Aktivität zwar «wie ein Tropfen auf dem heißen Stein», diese sind aber ein Beleg dafür, daß eine Bewußtseinsänderung stattgefunden hat. Altpapier wird gesammelt, auf Chemie im Haushalt zunehmend verzichtet, Waschmittel nur noch phosphatfrei gekauft, und das Rauchen hat man womöglich auch schon aufgegeben.

Wenn die Mitarbeiter bereits diese Bewußtseinsänderung durchgemacht haben, dann beurteilen sie auch das Unternehmen, für das sie arbeiten, weitaus kritischer.

---

10 Vgl. ebenda, S. 71.

11 Vgl. FSP, Frankfurter Studio- und Programmgesellschaft mbH: Agenten des Wandels, Stationen auf dem Weg zum Manager der Zukunft, VHS-Video, Frankfurt 1990.

Sie legen neue Wertmaßstäbe an. Dabei denken viele Mitarbeiter nicht nur egoistisch, auf ihren eigenen Arbeitsplatz beschränkt, sondern machen sich auch zunehmend Gedanken um gesamtgesellschaftliche Wirkungen von Produktion und Produkten.

Glauben die Arbeitnehmer, daß ihr Betrieb zum Beispiel in ökologischer Hinsicht unverantwortlich arbeitet oder ökologisch bedenkliche Produkte herstellt, so beeinflußt dies maßgeblich ihre Arbeitsfreude. Sie erleben einen Widerspruch zwischen den betrieblichen und ihren privaten Zielen und Werten. Dieser Widerspruch wird sie innerlich so lange aufrühren, bis entweder das Unternehmen seine Verantwortung bewußt annimmt oder sie selbst in die «innere» oder reale Kündigung gehen.

Unternehmen, die ihre Verantwortung kennen und bewußt tragen, vermeiden diesen inneren Konflikt ihrer Arbeitnehmer. Sie erkennen ihre Rolle als einflußreichste gesellschaftliche Institution an und sehen in dem Überschwappen globaler Probleme auf das Unternehmen nicht eine Krise, sondern eine Chance zu einem neuen Management. Damit verhelfen sie auch den Menschen in ihrem Betrieb zu mehr Erfolg. Sie vermeiden nämlich nicht nur den inneren Konflikt, sondern heben auch das Gefühl der Hilflosigkeit den Weltproblemen gegenüber auf.

Der Mitarbeiter sieht nun, daß eine Institution, die weit mehr Gewicht hat als die eigene Person, ihre Verantwortung erkennt und danach handelt. Sein durch ständige Schlagzeilen in der Presse sensibel gemachtes Bewußtsein für ökologische Veränderungen erfährt ein Pendant im betrieblichen Bewußtsein. Der Arbeitnehmer partizipiert nicht nur am Erfolg des verantwortungsbewußten Unternehmers, sondern auch an seinem Ansehen. Es beruhigt ihn, für ein Unternehmen zu arbeiten, das mit den neuen Umweltbedingungen fertig wird und über Sozial- und Umweltbewußtsein verfügt.

Werte und Sinn der Arbeit

Der Wertewandel ist zu einem Schlagwort geworden. Er wird immer dann als Erklärung herangezogen, wenn sich Verhaltensweisen eigentlich nicht mehr erklären lassen. Unbestreitbar ist, daß traditionelle Werte einer Erosion unterliegen. Dies hat es zu allen Zeiten gegeben. Jede neue Generation bringt ihre eigenen Werte ein. Der Zerfall traditioneller Werte geht mit der Schaffung neuer Werte Hand in Hand. Neue Werte werden maßgeblich von veränderten Umweltbedingungen geprägt. So ist die erhöhte Freizeitorientierung in direktem Zusammenhang mit der Atemlosigkeit des Wirtschaftsgeschehens zu sehen.

Eine repräsentative Umfrage zum Gebrauch von Zeit, bei der in Amerika 1 010 Amerikaner nach ihren Präferenzen bezüglich Arbeit, Geld und Freizeit sowie nach ihrer Gemütsverfassung im Arbeitsleben befragt wurden, ergab, daß 50 Prozent der Befragten jederzeit einen Tageslohn für einen freien Tag opfern würden.[12] Diesem Wunsch liegt das Gefühl zugrunde, ständig gehetzt zu sein. Der Wunsch, diesem Gehetztsein zu entrinnen und mehr Zeit mit der Familie zu verbringen, kann nicht isoliert betrachtet, sondern muß als Resultat des konstanten Stresses und des sehr hohen Standards im Arbeitsleben gesehen werden.

Die Menschen versuchen, auf der Grundlage von Werten ihrem Leben einen Sinn zu geben. Gleichzeitig vermitteln die Werte ihnen eine Norm für ihre Handlungen. Hat der Mensch kein Wertgerüst, so ist er orientierungslos. Er wird seine Situation in seiner Welt nicht verstehen. Für die Frage nach dem Sinn seiner Existenz, nach seiner Herkunft und nach seiner Zukunft braucht er ein Wertegerüst. Die Werte sind die Meßlatte zur Beurteilung der Sinnhaftigkeit seiner Tätigkeit. Wenn man bedenkt, daß der durchschnittliche Mensch wochentags mindestens die Hälfte seiner wachen Zeit mit Arbeit verbringt, die er kaum selbst gestalten kann, wird die Frage nach den Werten der Arbeit evident. «Welchen Sinn stiftet seine Arbeit?», wird er sich fragen.

Ist es da ein Wunder, daß Arbeitnehmer, deren Arbeit weder ihren Werten entspricht noch ihnen einen Sinn stiftet, in Ausweichverhalten schlüpfen? Kann man es ihnen verdenken, wenn sie die «innere Kündigung» aussprechen oder sich des öfteren den «gelben Urlaubsschein» holen?

Diesen Konflikt können Unternehmen nur vermeiden, wenn sie es schaffen, der Arbeit ihrer Mitarbeiter einen Sinn zu verleihen, einen Sinn, der den Arbeitnehmern klarmacht, daß ihre Arbeit etwas wert ist.

Neue Mitarbeiter kommen oft mit viel Enthusiasmus in ihre neue Firma. Die in ihren Gedanken durchlebte neue Tätigkeit entspricht noch ihrem individuellen Weltbild und ihren Wertvorstellungen. Ihnen muß der Sinn vor Aufnahme der Tätigkeit nicht gegeben werden, da sie sich ihn selbst

---

12 Robinson, John P., Universität von Maryland, «Use of time»-Projekt im Auftrag der Hilton Corp.

bereits in ihrer Phantasie geschaffen haben. Warum verlieren sie trotzdem oft diesen Sinn? Ein Grund ist sicher in dem Auseinanderklaffen von Phantasie und Realität zu sehen.

Ein anderer Grund dürfte oft aber auch die mangelnde Akzeptanz ihrer Werte durch ihre Vorgesetzten sein. Hier sind häufig Konflikte vorprogrammiert. Fehlen dem Vorgesetzten «weiche» Managementqualitäten, und legt er es auf eine Konfrontation an, so wird er diesen neuen Mitarbeiter nicht halten können, sei er für das Unternehmen noch so wichtig.

Unternehmenswerte im internationalen Vergleich

Die Havard Business Review startete im November 1990 in Zusammenarbeit mit 25 Zeitschriften in allen Kontinenten eine internationale Befragung von 12 000 Führungskräften.[13]

Trotz der Globalisierung der Weltwirtschaft, Abbau von Handelshemmnissen und der Internationalisierung der Manager machen die Führungskräfte in ihrem jeweiligen Umfeld noch immer abweichende Erfahrungen, aus denen sich teilweise gegensätzliche Blickweisen herleiten.

Die Mauern werden zwar abgebaut, aber Stolperschwellen existieren noch immer. Unterschiede resultieren vor allem aus der unterschiedlichen Kultur und Geschichte des jeweiligen Landes. Als Beispiel kann Japan dienen, das unbestritten auch kulturell einer Inselexistenz frönt.[14] Bemerkenswert ist, daß quer durch alle Länder Manager den Wunsch zu erkennen geben, die Kluft zwischen Wertvorstellungen und alltäglicher Praxis überbrücken zu wollen. Menschen, diese Erkenntnis hat sich inzwischen durchgesetzt, sind der wichtigste Aktivposten, einer der Hauptpfeiler des Unternehmenserfolgs. Diese Überzeugung müßte noch stärker in die Realität der Unternehmen übersetzt werden – zum Beispiel indem man Mitarbeitern bessere Chancen einräumt, sich umfassend zu informieren, Projekte zu initiieren und mit dem Management enger zu kooperieren.[15]

---

13 Vgl. zu den Ergebnissen: Manager aus aller Welt über die Zukunft, Havard-Studie (Havard manager, Theorie und Praxis des Managements, Heft 3, 13. Jahrgang, III. Quartal 1991); Transcending the Boundarie of Business (Havard Business Review Nummer 3, Mai/Juni 1991).

14 Vgl. ebenda.

15 Vgl.: Manager aus aller Welt ..., a.a.O., S. 65.

Alles nur Lippenbekenntnisse?

Ein Ergebnis der Havard-Studie ist auch, daß Manager in hohem Maße die Verantwortung ihrer Unternehmen bejahen, bei der Lösung des Familien-Berufs-Konfliktes und den Problemen des Umweltschutzes mitzuwirken. Von der Bewältigung dieser Probleme werden Wettbewerbsvorteile gegenüber Mitarbeitern abhängig gemacht.[16]

Trotz all dieser Erkenntnisse verwundert es dann aber, daß besonders in Großunternehmen die Topmanager ihre Privilegien bewahren. So ist der prozentuale Anteil der Teilnehmer dieser Befragung, die die Spitzenleute ihrer Unternehmen in der jeweiligen Merkmalsklasse «etwas» oder «sehr abgehoben» von den übrigen Mitarbeitern sehen, vor allem in der Bundesrepublik Deutschland, jeweils über 80 Prozent, einmal sogar über 90 Prozent bei folgenden Privilegien:

- Zugang zu Informationen über das Unternehmen
- Höhe der Bezahlung
- Kompetenz, neue Projekte zu initiieren
- Kontakt zu den Kunden.[17]

Kann diese Befragung nicht als Beleg dafür dienen, daß die Problemerkenntnis noch nicht zur Problemverarbeitung geführt hat? Oder soll man etwa daraus schließen, daß den deutschen Führungskräften das eigene Hemd näher ist als das ihrer Mitarbeiter? Oder sind all die schönen Sonntagsreden von Partizipation, Kooperation, demokratischem Führungsstil und Mitarbeiterbeteiligung nur Lippenbekenntnisse, um wertgewandelte und aufmüpfige Arbeitnehmer zu knebeln? Ein wenig Scheinheiligkeit blitzt schon durch angesichts dieser Statistik, die zeigt, daß deutsche Manager ihre Machtpositionen noch innehaben und halten wollen.

Sonntagsredner, die den Psalm von Mitarbeiterpartizipation singen und dabei insgeheim doch nicht von ihren Privilegien lassen wollen, verkaufen ihre Mitarbeiter für dumm. Sie unterschätzen deren Intelligenz, wenn sie

---

16 Vgl. ebenda.

17 Vgl. ebenda.

meinen, daß diese nicht zwischen Reden und Taten unterscheiden können. Solch diskriminierende Unterstellungen wirken demotivierend. Sollte mit den schönen Reden etwa ein Motivationseffekt erzielt werden, so wird dieses Ziel satt und zu Recht konterkariert. Der Vorgesetzte, der solch ein Verhalten zeigt, stellt sich blauäugig selbst ein Bein. Die Blockade ist perfekt!

Ehrlichkeit im Umgang miteinander ist eine der Voraussetzungen für effiziente Mitarbeitermotivation. Wer auf seine Privilegien nicht verzichten will, der sollte wenigstens dazu stehen. Dann haben auch die Mitarbeiter eine Chance, in direkter Diskussion die Gründe hierfür zu erfahren und zu verstehen.

Neue Maßstäbe

Die Studie ergab auch, daß Ausbildungsdefizite von Managern als das bedrohlichste Erfolgsrisiko angesehen werden. Lediglich Japaner schätzen Umweltprobleme höherrangig ein.

Auch hier zeigt sich wieder, welch überragender Stellenwert der personellen Komponente des strategischen Managements eingeräumt werden muß. Die Beschleunigung des Innovationstempos, die Flexibilität, mit der auf Marktveränderungen reagiert werden muß, und die Internationalisierung der Wirtschaftsprozesse setzen neue Maßstäbe. Mit ihnen steigen die Anforderungen, die die Mitarbeiter der Unternehmen zu bewältigen haben. Gerade Schnelligkeit, Flexibilität und Kreativität sind Qualitäten, die systematisch gefördert werden müssen. Heute entscheidet über Sieg und Platz die Fähigkeit, sich den dynamischen Marktprozessen möglichst geschmeidig anzupassen. Reines Marktanteildenken ist zum Anachronismus geworden.

Mitarbeiter, von denen diese Qualitäten erwartet werden, müssen also nicht nur ihr Fachwissen, sondern ihre gesamte Persönlichkeit in das Unternehmen einbringen. Ebenso muß aber auch das Unternehmen die Voraussetzungen dafür schaffen. Entscheidungsfreiräume und persönliche Freiräume lassen diesen qualifizierten Mitarbeitern Luft zum Atmen. Kreative Potentiale werden erst durch Freiräume frei.

Das Eingehen auf den ganzen Menschen, das Respektieren auch persönlicher Freiräume und die Beteiligung am Erfolg können Arbeitsfreude stiften, die wiederum ein Ansporn zur Erbringung hervorragender Leistungen ist. Das Verlangen nach Glück und die Suche nach Freude treiben den Menschen an. Die Erwartung eines Glückszustands läßt ihn Leistungen vollbringen, denen er ohne dieses Ziel vollkommen gleichgültig gegenüberstünde. Erst die Erwartung von Freude, Glück und freudespendendem Erfolg motiviert den Menschen primär. Die bloße Bezahlung seiner Leistungen in Form von Lohn oder Gehalt reizt ihn auf Dauer nicht zur Erbringung besonderer Leistungen.

3. Der Generationenkonflikt

Was ist mit der nachwachsenden Generation? «Den Kampf um Profit und Vorteile, das Denken in Feindkategorien veredeln viele Bürger noch immer in vergangenheitsbezogenen Vorstellungen von Leistung, Pflicht und Ehre. Gewiß leben diese Tugenden auch in Wirtschaft und Industrie noch, aber für den jugendlichen Betrachter dominieren sie nicht das Gesamtgeschehen. Und es ist zu befürchten, daß die jungen Beobachter hier richtig sehen. Also treten sie den Rückzug an – nicht, weil sie soviel träger, leistungsfeindlicher und egozentrischer wären als ihre Väter, sondern weil sie den Sinn des Treibens, dem sie sich einfügen sollen, nicht erkennen.»[18]

Sie erkennen ihn auch deshalb nicht, weil die älteren Generationen in ihren überkommenen Denkschemata verharren und nicht begreifen, daß die Evolution sich beschleunigt hat und daß die Umwelt heute ganz andere Anforderungen an die Jugend stellt als an die früheren Generationen. Die Beschleunigung des Prozesses des Erwachsenwerdens verkürzt die Möglichkeiten, sich mit den Anforderungen der einzelnen Entwicklungsschritte auseinanderzusetzen.

Die Hektik des Erwachsenenlebens tut ein übriges und flutet über in die Areale jugendlichen Ausprobierens. Die Erfahrung der Tragfähigkeit neuer Wertmuster wird beeinträchtigt, die Übernahme der Werte der vorangegangenen Generation aber erscheint unmöglich. Was bleibt, ist ein Rückzug in eine neue Innerlichkeit.

---

18 Höhler, Gertrud, Das Glück, Analyse einer Sehnsucht, Neuauflage, Düsseldorf/Wien/New York 1988, S. 188 f.

Die Alternative zum Rückzug in eine neue Innerlichkeit ist das bewußte Mitgestalten. Die Sehnsucht nach ewiger Jugend und der Versuch vieler Menschen, sich äußerlich bewußt jugendlich zu stylen und Jugendtrends mitzumachen, zeigen, daß die Jugend längst zum Meinungsmacher geworden ist.

Die heutige Jugend möchte neue Antworten auf die Sinnfrage erhalten. Engagement und Leistung wird von ihr nur der erhalten, der ihren Werten Raum gibt und ihre Motive berücksichtigt. Mit den asketischen Werten der protestantischen Ethik, wie sie Max Weber schon 1904 in einem Aufsatz als grundlegend für die Entwicklung des Kapitalismus beschrieb[19], haben die jüngeren Generationen nichts am Hut.

Die Ethik- und Moralvorstellungen von älteren und jüngeren Generationen klaffen weit auseinander. Das Wertesystem der Elterngeneration findet bei den Jungen keine Akzeptanz mehr. Wie sollte es auch? Zum einen herrschen heute nicht mehr die gleichen Umfeldbedingungen wie in der Jugendzeit der Elterngeneration. Der gemeinsame Aufbauwille, das Wiederherstellen einer intakten Gesellschaft, das Aufarbeiten der Kriegserlebnisse und der gemeinsame Wunsch nach höherem Lebensstandard kanalisierten die Wertmuster und Moralvorstellungen der Nachkriegsgeneration. Diese Wertmuster finden auch deshalb heute keinen fruchtbaren Boden mehr, weil die gemeinsamen Ziele erreicht sind. Aus Egalisierung wird wieder Individualisierung. Mitglieder der nachwachsenden Generation versuchen, dem Dilemma des Fehlens gemeinsamer Ziele durch die Schaffung individueller Ziele zu entkommen.

Zum anderen steht die Jugendgeneration vor einem komplexen Bündel von Zukunfts- und Umweltproblemen. Die Elterngeneration hat auf dieser Erde nicht gerade gehaust, als hätten sie die Welt nur für ihre kurze Lebenszeit geliehen, sondern als wäre dies ihr Besitz gewesen und als sei sie noch ihr Besitz. Altlasten sind geschaffen worden, deren Beseitigung auch bis zum Ende des folgenden Jahrzehnts nicht abgeschlossen sein wird. Und die Bedrohung geht weiter. Kriegsmaschinerien, Atom- und Gentechnik bilden zum Teil Bedrohungen für die nachwachsende Generation, die nicht mehr beherrschbar sind. Der Zauberlehrling wird die Geister, die er rief, nun nicht mehr los. Auch diese Entwicklung läßt die Jugendgeneration an den Werten der Elterngeneration zweifeln. Sie wer-

---

19 Weber, Max, Die protestantische Ethik und der Geist des Kapitalismus (Archiv für Sozialwissenschaft und Sozialpolitik, Band 20 und 21, 1904 und 1905).

fen ihren Eltern vor, ihnen ein Kuckucksei ins Nest gelegt zu haben. Ist es da ein Wunder, wenn diese Generation den Eltern Gehorsam verweigert?

Ohne die Einbindung der individuellen Ziele und Werte der nachwachsenden Generationen wird den Unternehmen ebenso die Gefolgschaft verwehrt werden. Hier gilt es also, durch bewußte Einbeziehung und Verantwortungsübergabe die Jugend bei der Stange zu halten.

4. Verkrustete Strukturen

«Personalberater können ein Lied davon singen. Immer häufiger sind es die dynamischsten, wertegewandelten und sensibelsten Mitarbeiter, die sich emotional von ihrem Unternehmen trennen, weil die Sozialkonzeption – trotz sozialem Make-up – patriarchalisch und rigide ist.»[20]

A. Hierarchiedenken und traditionelles Führungsverhalten

Sonntagsredner werfen das neue Bild des Managers an die Wand: Aufgeklärt und zurückhaltend fördert er die Leistungsbereitschaft seiner Mitarbeiter durch seinen demokratischen Führungsstil. Er läßt die Mitarbeiter sowohl an den Entscheidungen als auch an den Erfolgserlebnissen partizipieren. Er ist darauf bedacht, ihnen ein menschengerechtes Umfeld einzurichten, das die Grundbedingung für Motivation ist.

Doch in den Betrieben sieht es in Wirklichkeit ganz anders aus. Pfründe werden verteidigt, Informationen zurückgehalten, die Mitarbeiter werden wie eh und je traditionell und autoritär geführt, und die Chefs klammern sich an ihre überkommenen Hierarchiemuster. Die Strukturen sind verkrustet und müssen erst mühsam aufgeweicht werden.

---

20 Gerken, Gerd, RADAR für Trends, Zukunfts-Letter Nummer 20, November 1989.

Warum umdenken?

Ein guter Fachmann ist nicht unbedingt auch eine gute Führungskraft. Führungskraft zu sein heißt heute, Kommunikation und Zusammenarbeit zu steuern, Mitarbeiter zu führen und ihren Fähigkeiten entsprechend einzusetzen. Diese Steuerung muß von den Mitarbeitern akzeptiert werden.

Traditionelles Führungsverhalten findet heute vor allem seitens der jungen Mitarbeiter keine Akzeptanz mehr. Folgende Gründe sprechen für die Anwendung neuer demokratischer Führungsmodelle:

- Demokratisches Führungsverhalten führt generell zu einer positiveren Einstellung von Mitarbeitern gegenüber ihren Vorgesetzten als autoritärer Führungsstil. Demokratische Führung führt zu einer höheren Beständigkeit, Qualität und Originalität in der Arbeit. Versuche von Lewin, Lippit und White bezüglich der Auswirkungen verschiedener Führungsstile auf das Gruppenverhalten ergaben, daß bei autoritär geführten Gruppen zwar quantitativ eine etwas höhere Leistung verzeichnet wurde, diese aber bei Abwesenheit des Leiters sofort eingestellt wurde.[21]

- Autoritärer Führungsstil führt zur Unsicherheit bei den unterstellten Mitarbeitern. Unsicherheit wiederum bindet Verhaltensenergien und Arbeitskraft. Sie fördert auch Mißtrauen, schadet der Motivation und beeinträchtigt das Betriebsklima, das laut EMNID-Studie von 1987[22] überragende Bedeutung für die Arbeitsmotivation von Arbeitern und Angestellten hat. Deshalb ist die Pflege des Betriebsklimas eine der wichtigsten Führungsaufgaben.

---

21 Lewin, K./Lippit, R./White, R., Patterns of aggresive behaviors in experimentally created «social climates» (Journal of Social Psychology 10, 1939, S. 271 – 299). Vgl. hierzu auch: Steinmann, H./Schreyögg, G., Management, Grundlagen der Unternehmensführung, Konzepte, Funktionen, Praxisfälle, Wiesbaden 1990, S. 499.

22 Heidemann, Fred J., Die Arbeitsmotivation von Arbeitern und Angestellten der deutschen Wirtschaft: Ergebnisse und Analyse einer Umfrage bei Arbeitern und Angestellten / Auswertung der Umfrage: Fred J. Heidemann, durchgeführt von EMNID im Auftrag des Institutes für Wirtschaft und Gesundheit, Bonn und der Bertelsmann-Stiftung, Gütersloh 1987.

- Befehlserteilung von oben nach unten bei gleichzeitig unerwünschter Kommunikation von unten nach oben führt nicht nur einseitig zur Entmündigung, sondern auch zur Ablehnung eigenständiger Verantwortung. Dies beeinträchtigt direkt die Qualität der herzustellenden Produkte.

- Die Erosion von Werten, oft auch als Wertewandel bezeichnet, erfordert heute von den Leitenden ein differenziertes Führungsverhalten. Auf die Treue zum Arbeitgeber, Pflichterfüllungsbewußtsein und ähnliche Werte kann heute keine Führungskraft mehr bauen.
  Wegen neuer Kundenerwartungen wie etwa Erlebniskauf/-produkte, höchste Qualität und umfassender Service ist es aber trotzdem notwendig wie nie zuvor, in großem Maße Produktivkräfte freizusetzen.

- Die Behandlung der Mitarbeiter erfordert auch allein deswegen ein Überdenken herkömmlicher Strukturen, weil diese sich als Engpaßfaktoren des kommenden Jahrzehnts erweisen werden.

Verantwortung statt Entmündigung

Im Betriebsumfeld geht es doch vor allem darum, bei den Mitarbeitern Verantwortung zu wecken. Gemeint ist nicht die Verantwortung dafür, daß abends der Papierkorb geleert ist, gemeint ist eine Verantwortung, die sich der des Unternehmers annähert.

Ist ein Betriebseigentümer oder ein leitender Angestellter mit der Arbeitsmotivation seiner Mitarbeiter unzufrieden, so ist diese Unzufriedenheit nichts anderes als ein Mißfallen daran, daß die Mitarbeiter eben nicht denken und fühlen wie er. Wie sollten sie auch, sind sie oft doch jahre-, wenn nicht gar jahrzehntelang systematisch entmündigt worden. Diese Entmündigung lief schleichend und wurde oft gerade durch das Netz der sozialen Sicherung unterstützt.

Warum sollte sich ein Mitarbeiter auch verantwortlich wie ein Chef fühlen? Er erhält in der Regel weder dessen Gewinn noch dessen Selbstbestätigung durch den Erfolg, noch hat er dessen vermeintliche Freiräume oder die Chance, wirklich nach seinem eigenen Gutdünken zu entscheiden und zu arbeiten.

Es kristallisieren sich hier gleich vier Aspekte heraus, die den «Untergebenen» vom Vorgesetzten unterscheiden:

- die Gewinnerzielungsmöglichkeiten
- die Selbstbestätigung durch Erfolg
- die Verantwortung
- die Entscheidungsfreiräume.

Manager heute

Manager zu sein heißt, zu leiten und zu führen im eigentlichen Sinne. Verstanden Führungskräfte ihre Arbeit früher noch eher als fachliche Anleitung, so verschwindet dieser Sinn heute fast völlig. Er wird ersetzt durch den verhaltenspsychologischen Sinn des Führens und Anleitens. Diese Sinnwandlung wird sich immer weiter verstärken, denn immer weniger wird der leitende Angestellte sein Fachwissen als alleinige Argumentation für seine hervorgehobene Stellung anführen können.

Das beschleunigte Innovationstempo erfordert eine immer weitergehende Spezialisierung des Wissens, die der Vorgesetzte nicht leisten kann und auch nicht leisten darf. Seine Aufgabe ist es nicht, im stillen Kämmerchen zu sitzen und nach Vertiefung seines Wissens zu trachten, seine Aufgabe ist es vielmehr, seine Mitarbeiter so anzuleiten, daß sie diese Aufgabe optimal übernehmen können. Er muß ihre Motive erkennen, darauf eingehen und diese so weit unterstützen, daß für die Mitarbeiter Erfolg möglich wird.

Der Erfolg der Mitarbeiter ist der eine Schuh, der Erfolg der Führungskräfte der andere. Auch ein leitender Mitarbeiter braucht Erfolgserlebnisse, die nicht nur aus Belobigungen durch seine Vorgesetzten bestehen. Diese motivieren auch ihn nur dann, wenn das Grundmotiv seines Arbeitens die soziale Anerkennung ist. Andere Motive, wie sie im folgenden Kapitel noch beschrieben werden, bleiben dabei nahezu unberücksichtigt.

Die neuen Anforderungen an Führungskräfte sind umfassend. Vor allem ihre Fähigkeit, Verständnis für Mitarbeiter aufzubringen, sie auf allen Ebenen zu ermutigen, einen aktiven Beitrag zum Unternehmenserfolg zu leisten und ihnen Gelegenheit zu geben, eigene Ziele mit den Zielen der Firma zu verknüpfen und damit Betroffene zu Beteiligten zu machen[23], erfordert auch ihre volle Leistungsbereitschaft. Auch sie können diese

---

23 Brommer, Ulrike, Erfolg durch Identifikation und Motivation der Mitarbeiter, Selbstmotivierungskräfte kultivieren (Gabler's Magazin, Heft 12/1990, S. 25).

Aufgaben nur dann bewältigen, wenn deren Erfüllung auch die Erfüllung ihrer eigenen Motive beinhaltet. Ihre verstärkte Leistungsbereitschaft ist die Voraussetzung für diejenige ihrer Mitarbeiter.

Gesundheit und Lebensfreude: Der verkannte Manager

«Gesundheit ist ein subjektiver Zustand des Wohlbefindens, doch leider gehen Manager noch selten davon aus, daß im Arbeitsleben Wohlbefinden einkehren muß.» So Bernhard Foigt, leitender Arzt am Karlsruher Institut für Arbeits- und Sozialhygiene (IAS).[24] Vorwiegend Männer glauben noch, daß zu einer qualifizierten Managertätigkeit unbedingter Aufopferungswille gehört. Vielleicht gefallen sie sich aber auch nur in der Rolle der Märtyrer, die ihrer Firma alles geben.

Morgens die ersten und abends die letzten zu sein, das glauben viele, sei ein wichtiges Qualifikationsmerkmal für herausgehobene Stellungen. Kaum einer fühlt sich wirklich gesund. Zwar wird Gesundheit vorgespielt, werden Tennis- und Golferlebnisse in unterhaltsamer Weise in Gespräche eingeflochten, um Dynamik zu beweisen, aber im Geheimen fürchtet man immer die neuesten Diagnoseergebnisse des Gesundheitschecks. Jeder hat Angst vor dem Herzinfarkt. Dabei könnte alles so einfach sein. Längst haben Verhaltens- und Arbeitspsychologen herausgefunden, daß hervorragende Leistung in entspannter Verfassung und bei körperlichem Wohlbefinden besser gedeiht.

Bewegungslos verharren Hundertschaften von Managern an ihren zu großen Schreibtischen, um ihren Mitarbeitern ein Beispiel übertriebener Arbeitswut und ihren Unternehmensleitern ihre Selbstlosigkeit vorzugaukeln.

Oder liegt der Arbeitswut etwa das Peter-Prinzip zugrunde? Hat der Vorgesetzte vielleicht eine Stellung erreicht, die er nicht mehr auszufüllen imstande ist, versucht er nun, seine mangelnde Kompetenz durch Arbeitsintensivierung zu kompensieren?

Was auch der Grund ist, fest steht, daß traditionelles Managerverhalten zu den krankmachenden Risikofaktoren zählt.

Vorgesetzte, die sich wie Willi Schalk, der Geschäftsführer der Verlagsgruppe DuMONT Schauberg, einen Liegestuhl ins Büro stellen, um Ver-

---

24 In: Fischer, Gabriele, Helden der Arbeit (Manager Magazin, 21. Jahrgang, Heft 6/1991, S. 209.)

spannungen vorzubeugen, oder wie Gerhard Schützner, Geschäftsführer bei Müller Milch, der an sonnigen Tagen seine Arbeit mit Zeitungslektüre nicht im Büro, sondern auf den Gartenstühlen seiner Dachterrasse beginnt, sind in der Minderheit.[25]

Oft scheint es, als sollten übergroßer Zeitaufwand zu Lasten der Freizeit, hektische Erledigungen des Tagesgeschäfts, ständige Erreichbarkeit und andere Faktoren eine fehlende Ergebnisorientierung kompensieren. Obwohl körperliche Anwesenheit mit geistiger Anwesenheit nicht gleichgesetzt werden kann, verlangen noch immer viele Firmenchefs von ihren Führungskräften eine permanente Präsenz und Ansprechbarkeit. Ist ja auch klar: Wer nicht dauernd anwesend ist, den kann man auch nicht dauernd kontrollieren. Da muß dann Vertrauen die Kontrolle ersetzen, und wie viele Firmenchefs vertrauen ihren Führungskräften schon vorbehaltlos?

Erfüllte Arbeit kann auch Lebensfreude schaffen, aber es gibt auch ein Leben neben der Arbeit. Wer nach 20 Jahren pflichterfüllter Arbeit feststellen muß, daß die Kinder groß geworden sind, ohne daß man sie als Eltern richtig begleiten konnte, der hat Leben versäumt, Leben, das sich nicht nachholen läßt.

Es ist eine abgedroschene, aber doch wahre Feststellung, daß sich die Zeit nicht zurückstellen läßt. Die Zeit der Arbeit muß so ausgestaltet sein, daß wir auch im nachhinein noch sagen können: So, wie es gelaufen ist, war es gut, und ich würde es wieder tun.

Die von Gabriele Fischer «Helden der Arbeit» genannten, sich selbst aufopfernden Managern sind in Wirklichkeit arme Teufel. Sie sitzen stundenlang gedankenlos in ihren Büros, darauf harrend, daß der Chef sie vielleicht einmal bei der Arbeit belobigt, holen sich Magengeschwüre und verspannte Schultern, kennen ihre Kinder nur vom Telefon und verschleudern ihre Lebenszeit. Das Schlimmste dabei ist – niemand wird es ihnen danken.

Die Leidensfähigkeit solcher Vorgesetzten ist enorm. Bei allem glauben sie, immer nur das Wohl der Firma im Auge zu haben. Ihre eigene Denkblockade entdecken sie dabei nicht. Dabei geraten sie in einen Teufelskreis: Weil sie glauben, besondere Leistungen erbringen zu müssen, extensivieren sie ihre Arbeit und blockieren damit ihre eigene Kreativität und Innovationskraft. Weil sie merken, daß sie nicht mehr kreativ

---

25 Vgl. ebenda, S. 206

und innovativ sind, verstärken sie die Extensivierungsbemühungen. Der Burn-out ist vorgezeichnet, hier wird Quantität mit Qualität verwechselt.

Psychologieprofessor Michael Kastner sieht noch einen anderen Aspekt bei der Einschätzung gesundheitlicher Risiken von Managern: «... jetzt kommt einer der Gründe, warum das Mittelmanagement weit mehr unter Herz-Kreislauf-Erkrankungen leidet als die Spitze: Wenn ich eine Position erreicht habe, in der ich Erfolg auf mich beziehen und Mißerfolge nicht registrieren oder meinen Mitarbeitern in die Schuhe schieben kann, ist mein Erfolgsgefühl intakt, ich bleibe gesund. Den Streß haben die Mitarbeiter.»[26]

Die Möglichkeit, die Verantwortung für Fehlleistungen weiter nach unten zu leiten, hält also die Spitzenleute der Wirtschaft gesünder als das Mittelmanagement, das zwar nach unten austeilen kann, aber von oben einstecken muß.

Die Mythen des Managements

«Der Mythos lebt!» Karl Heinz Geißler, Professor für Wirtschafts- und Sozialpädagogik, Impulsgeber für die Wirtschaft und Kämpfer gegen die Mythen im Management, zieht über den Heldenmythos her, der in den Führungsetagen immer wieder fröhliche Urständ feiere: An der Spitze sei der Manager einsam, der Held habe nur wenige Getreue, aber viele Feinde. Er handele selbstlos für das Ganze, zehre sich wie eine Kerze auf, um den anderen den rechten Weg zu zeigen.[27]

Mit der gleichen Ironie, mit der Geißler den Heldenmythos karikiert, beschreibt er den eng damit verbundenen Alpenmythos, jenen Aufstiegsdrang, von dem der große Panoramablick erwartet werde.

Geißler plädiert für mythenfreies Führungsverständnis, denn Führung sei Balancearbeit und die Fähigkeit zur Wahrnehmung von eigenen und fremden Realitäten. Mythen aber verleiten zum Ignorieren und Ausgrenzen, zum Verleugnen von Unangenehmem, schlecht Angesehenem, Dunklem und Schmutzigem, gepaart mit der Illusion, hierdurch selbst besser, sauberer und edler zu erscheinen.[28] Damit verschleiern die Mythen die

---

26 Wenn auf jedem Flur die Bären lauern, Interview mit Psychologieprofessor Michael Kastner über hausgemachten Streß im Management (Manager Magazin, Heft 6/1991, S. 208).

27 Stelzer, Josef, Ein Meister der Balance, Querdenker der Wissenschaft (Management Wissen, Heft 4, April 1991, S. 105).

wirklichen Probleme. Sie lenken von einer dynamischen Umwelt ab, auf die es zu reagieren gilt. Ebenso verhindern sie die Vertrauensbildung im Unternehmen. Geißler hat ein neues, anderes Führungsverständnis: Der Manager sei Vermittler, Spezialist für Zielerreichung und Beziehungsarbeit, Förderer von Subjektivität. Helden und heroische Ansprüche hätten darin keinen Platz.[29]

Mit dem Herausheben aus der Gruppe «normaler» Arbeitnehmer wird so mancher Manager seinem alten Einzelkämpferanspruch gerecht. Oft zum Durchbeißen und alleine Durchkämpfen erzogen, folgen manche Führungskräfte ihrem Kindheitstraum(a). Die Distanz, die sie dabei zwischen sich und ihren Mitarbeitern aufbauen, bestätigt sie in ihrem Einzelkämpfermythos. Sie allein fühlen sich verantwortlich und schreiben sich – natürlich auch allein – den Erfolg auf die Federn.

Mitarbeiter werden zu Handlangern degradiert, denen lediglich die durch Anweisungen konkretisierte Vor- und Nachbereitung von Entscheidungen obliegt. Daß diese Vorgehensweise die Mitarbeiter demotiviert, liegt auf der Hand. Weder werden sie als wert betrachtet, mit dem Manager gemeinsam zu planen und zu entscheiden, noch wird ihnen eine Beteiligung an den Erfolgen zuerkannt. Die Mitarbeiter werden nicht in ihrer Ganzheit in den Entscheidungs- und Produktionsprozeß einbezogen, lediglich ihre funktionale Komponente wird abgefordert. Damit wird ihre Freude an der Arbeit nachhaltig behindert.

Helden brauchen keine Helden neben sich – nur Bewunderer.

Störfaktoren stellen ein Bein

Führungskräfte, die erste Signale eines Burn-out-Syndroms zeigen oder auch solche, für die ihr Beruf nur noch Pflicht und nicht mehr Kür ist, die keine Freude mehr aus ihrem beruflichen Arbeiten ziehen können, sind kaum in der Lage, die Arbeitsfreude ihrer Mitarbeiter zu stärken. Wie können sie etwas, was ihnen selbst nicht mehr wichtig ist, anderen verkaufen?

Sollen diese Führungskräfte für die neuen Anforderungen fitgemacht werden, so sollten sie lernen, mit Hilfe einer Selbstanalyse hemmende Störfaktoren der eigenen Leistung zu erkennen.

---

28 Vgl. ebenda

29 Vgl. ebenda

Beate Henes-Karnahl listet die zehn wichtigsten Störfaktoren auf, die die Erfolgsstrategie einer Führungskraft beeinträchtigen und so den Erfolgsfaktoren ihre Kraft nehmen (bei den Paaren handelt es sich um die jeweils positive und negative Ausprägung einer Eigenschaft):[30]

1.	Risikobereitschaft	–	Angst
2.	Ganzheitliches Denken	–	Krämerseele, Kästchendenken
3.	Positive Unruhe	–	Nervöse Ungeduld
4.	Ehrgeiz, Bereitschaft zum harten Arbeiten	–	Freizeit erhält Priorität
5.	Durchhaltevermögen, Zielstrebigkeit	–	Sprunghaftigkeit, Systemlosigkeit
6.	Entwicklungs- und Anpassungsfähigkeit	–	Mangelnde Flexibilität und Mobilität
7.	Loyalität	–	Blindes Gottvertrauen
8.	Soziales Engagement	–	Intrigen, Alleingänge
9.	Kenntnis der Erfolgswege	–	Tote Ecken besetzen
10.	Gute Ausrüstung	–	Mangelnde fachliche und persönliche Weiterbildung

Mit den jeweils rechts aufgelisteten Störfaktoren stellen sich Führungskräfte selbst ein Bein. Nicht nur, daß sie ihre eigene Karriere hemmen, wie Henes-Karnahl anführt, sie behindern damit auch die Karriere ihrer Mitarbeiter, deren Leistungsbereitschaft nicht genügend geweckt wird. Ein unsicherer oder unzufriedener Vorgesetzter blockiert die gesamte Abteilung.

Natürlich muß man einer Führungskraft genau wie jedem Mitarbeiter zugestehen, daß sie ihre gesamte Persönlichkeit in das Unternehmen einbringt. Auch vom Vorgesetzten kann man natürlich nicht verlangen, daß er sich selbst immer nur zurückhält und auf die Persönlichkeit seiner Mitarbeiter achtet. Auch Manager sind Menschen, die sich selbst einbringen möchten, die über den Tellerrand ihrer Abteilung schauen möchten.

30 Vgl. Henes-Karnahl, Beate, Persönliche Hindernisse bei Erfolgsstrategien: Störfaktoren nicht außer acht lassen (Gabler's Magazin, Heft 12/1990, S. 34).

Interessen, die neben der Arbeit im Privatleben gepflegt werden, lassen die Führungskraft entspannt und selbstbewußt an ihre Arbeit gehen. Bei allen Forderungen nach Auflösung verkrusteter Strukturen soll sich der Vorgesetzte nicht selbst negieren, das wäre ein Rückschritt.

Es geht um eine neue und höhere Qualität der Zusammenarbeit im Unternehmen, um die Freisetzung zusätzlicher Energien und die gemeinsame Erarbeitung des Unternehmenserfolges.

Aber anders als die durchschnittlichen Mitarbeiter sitzt die Führungskraft an exponierter Stelle. Dort sitzt sie in der Regel nicht aus reinem Zufall, sondern weil ihre persönlichen Motive auf Karriere ausgerichtet sind.

Der herausragenden Stellung entsprechend muß eine Führungskraft viel mehr als jeder andere Mitarbeiter zur Selbstanalyse und Selbstmotivierung fähig sein. Ein Vorgesetzter muß sich also darum bemühen, die ihn handlungsleitenden Motive selbst herauszufinden. Er muß versuchen, seine persönlichen Ziele zu formulieren und mit den Unternehmenszielen in Einklang zu bringen.

Vor allem muß der Manager fähig sein, seine hohe Motivation, die ihm die Karriere ermöglichte, zu erhalten und die aufgelisteten Störfaktoren zu erkennen und auszumerzen. Beate Henes-Karnahl rät denjenigen, die keine rechte Lust auf eine Managerposition haben, weil sie nicht gerne mit anderen Menschen umgehen und Mitarbeiter zu höchsten Leistungen motivieren, lieber die Fachlaufbahn einzuschlagen.[31] Auch dies kann eine Konsequenz aus der Zielüberprüfung sein. Warum sollte nicht auch einmal ein Manager von sich aus auf eine weitere Karriere als Führungskraft verzichten, wenn er erkennt, daß dies nicht seiner primären Motivation entspricht?

Ein Sprichwort sagt: «Der Fisch fängt am Kopf zu stinken an». Auf die Unternehmensseite bezogen bedeutet dies, daß Unternehmensprobleme aus dem Fehlverhalten von Vorgesetzten resultieren. Wie soll eine Führungskraft Mitarbeiter motivieren, wenn sie selbst für ihre Arbeit im Unternehmen nicht motiviert ist? Während also für die verstärkte Partizipation der Mitarbeiter das Bottom-up-Prinzip gilt, kann Motivation nur top-down weitergegeben werden. Freude und Leistungsfähigkeit gehen Hand in Hand. Spitzenleistungen können nur in einem positiv geladenen Arbeitsumfeld erbracht werden. Negative Strömungen, Querelen unter

---

31 Vgl. ebenda, S. 35.

Kollegen, Vorgesetzte, die ihren Mitarbeitern immer wieder Magendrücken verursachen, wirken hemmend auf die Leistungskraft.

Sicher gibt es auch bei insgesamt positivem Arbeitsklima Konflikte. Anders als in Betrieben, wo insgesamt eine negative Stimmungslage herrscht, werden diese Konflikte in der Regel aber auf konstruktive Weise ausgetragen. Immerwährende Spannungen, wie sie in manchen Betrieben herrschen, lassen diese Art der Konfliktbewältigung nicht zu. Probleme werden oft nicht offen ausgesprochen, so daß auch kein Problemlösungsprozeß in Gang gesetzt werden kann.

Das Resultat dieser ständigen unter der Oberfläche angesiedelten Konflikte ist die gefürchtete «innere Kündigung» der Mitarbeiter. Schätzungen gehen von einer Quote von 50 Prozent aus. Das heißt, daß jeder zweite Mitarbeiter für den Betrieb im Prinzip verloren ist. Diese Quote durch geeignete Maßnahmen unter das Durchschnittsmaß zu drücken bedeutet, die Wettbewerbskraft des Unternehmens zu erhöhen. Die Freude an der Arbeit muß geweckt werden beziehungsweise erhalten bleiben.

Das Phänomen der «inneren Kündigung»

Die «innere Kündigung» ist zu einem Schreckensphänomen der Unternehmensleitung und Vorgesetzten geworden. Dabei ist es im Prinzip nur eine prägnante Bezeichnung für einen Zustand, den es vermutlich schon gibt, seit Menschen fremdbestimmt arbeiten. Das wirklich Erschreckende an der «inneren Kündigung» ist das Ausmaß, das diese inzwischen angenommen hat. Wie bereits gesagt, rechnet man inzwischen bereits mit einer Quote von 50 Prozent. Hans Christian Altmann differenziert das Phänomen der «inneren Kündigung» in

1. die Kündigung, die der Vorgesetzte dem Mitarbeiter innerlich ausgesprochen hat,

2. die Kündigung, die der Arbeitnehmer dem Unternehmen innerlich ausgesprochen hat.[32]

32 Vgl. hierzu Altmann, Hans Christian, Motivation der Mitarbeiter: Methoden, Konzepte, Erfolgsbeispiele, Frankfurt 1989, S. 54 ff.

Im ersten Fall kann nicht nur der Mitarbeiter innerlich kündigen, sondern auch die Verhaltensweise des Vorgesetzten kann zeigen, daß er einem Mitarbeiter innerlich gekündigt hat. Das heißt nichts anderes, als daß er ihn abgeschrieben hat, daß er ihn nicht mehr einbezieht in Kommunikations- und Informationsprozesse, ihn weder lobt noch anerkennt, aber auch keine Kritik mehr äußert. Für den Vorgesetzten lohnt sich das nicht mehr, denn er erwartet von diesem Mitarbeiter keine Verhaltensänderung mehr.

Mit dieser Demonstration von Desinteresse treibt der Vorgesetzte seine Mitarbeiter dann wirklich zur Kündigung. Je nach dessen Toleranzschwelle und Umfeldbedingungen wird es sich dann entweder um die «innere Kündigung» oder um die tatsächlich vollzogene handeln. Auf alle Fälle hat die Zusammenarbeit kein Fundament mehr.

Mitarbeiter, die innerlich gekündigt haben, haben «alle gefühlsmäßigen Bande, ihr Verantwortungsgefühl, ihr Pflichtgefühl, ihre überdurchschnittliche Einsatzbereitschaft gekappt und beschränken sich jetzt auf einen genau kalkulierten, unbedingt notwendigen Einsatz.»[33] Sie ragen in keiner Weise mehr hervor. Weder bringen sie besondere Leistungen, noch bieten sie wirklich Anlaß zu Kritik. Ihre Leistungen entsprechen dem «Dienst nach Vorschrift», ihre generelle Zurückhaltung bietet keinen eigentlichen Stein des Anstoßes. Der Mitarbeiter zeigt sich vielmehr oft – dem autoritären Führungsstil seines Vorgesetzten entsprechend – angepaßt und ist als typischer Jasager einfach zu führen. Freizeitaktivitäten werden immer wichtiger, denn sie müssen als Ersatz dafür dienen, daß Erfolgserlebnisse am Arbeitsplatz nicht mehr möglich sind.

Folgen dieser inneren Emigration am Arbeitsplatz können aber auch Krankheitssymptome wie Schlafstörungen, Herz- oder Magenbeschwerden sein.[34]

Diese körperlichen Reaktionen auf psychisch bedrückende Umfeldbedingungen führen dann zu zunehmender Fehlzeit im Betrieb. Unterbewußt sucht der Arbeitnehmer damit Schutz vor weiterer psychischer und physischer Verstörung.

Wenn das Betriebsklima die Menschen krank macht, dann sind nicht die Menschen, dann ist der Betrieb verkehrt gepolt.

---

33 Vgl. ebenda, S. 53.

34 Vgl. ebenda, S. 55.

Die Entlarvung des Lobes

Eindimensionale Überlegungen zum Thema Motivation sind passé. Belobigungsrituale als einziges Mittel zur Mitarbeitermotivation stellen eine Mißachtung der Komplexität des Menschen dar. Nicht, daß Lob etwas Negatives wäre, aber wir sollten von dem Gedanken Abschied nehmen, daß einzig das Lob motivierend wirkt. Vielmehr sollten wir uns mit dem Gedanken vertraut machen, daß die unterschiedlichsten Motive maßgebend für die verstärkte Leistungsbereitschaft der Arbeitnehmer sind.

Freude an der Arbeit, Zufriedenheit mit dem erreichten Erfolg und der Wunsch, Erfolgserlebnisse zu wiederholen, sind maßgebliche Leistungsfaktoren. Diese Emotionen werden aber nicht durch Lobhudeleien ausgelöst, sondern dadurch, daß die handlungsleitenden Motive der Mitarbeiter in ihrer Arbeit Berücksichtigung finden. Das Lob durch den Vorgesetzten ist dann nur noch die Krone für den Erfolgskönig. Sie schmückt, aber sie ist nicht das Wesentliche.

Chefs, hört die Signale!

Unternehmensleiter dürfen die Situation im Betrieb nicht aus den Augen lassen. Signale eines positiven oder negativen Leistungsklimas müssen frühzeitig registriert werden, um jeweils entweder bestärkend zu wirken oder Gegenmaßnahmen einzuleiten.[35] Hans Christian Altmann führt folgende Beispiele für negative Signale an:

- Die Mitarbeiter kaufen nicht in der eigenen Firma.
- Die Zahl der Reklamationen steigt.
- Mitarbeiter springen nicht für ihre Kollegen ein.
- Jede Abteilung lebt ihr eigenes Leben.
- Der Umgangston ist unfreundlich, aggressiv, gereizt.
- Es wird Dienst nach Vorschrift gemacht.
- Das Unternehmen wird pünktlichst verlassen.
- Arbeiten werden fehlerhaft und schlampig erledigt.
- Man mißtraut den Vorgesetzten und der Geschäftsleitung.
- Die Kunden sind den Mitarbeitern gleichgültig.

---

35 Vgl. zu diesen Signalen: Altmann, Hans Christian, Motivation der Mitarbeiter: Methoden, Konzepte, Erfolgsbeispiele, Frankfurt 1989, S. 48 ff.

Diese vielfältigen negativen Signale dürfen auf keinen Fall übersehen werden. Sofort sollten die Alarmglocken läuten! Schon beim Auftreten einzelner Signale muß die Unternehmensleitung hellhörig werden und gegensteuern, sonst wird aus einem prosperierenden Unternehmen schnell ein fauler Fisch.

Auch ein positives Leistungsklima sendet Signale aus, dazu gehören folgende positiven Anzeichen:[36]

- Der Umgangston ist freundlich.
- Die eigenen Produkte werden geschätzt.
- Es wird positiv über die eigene Firma gesprochen.
- Man springt für Kollegen ein.
- Es gibt eine abteilungsübergreifende Zusammenarbeit.
- Kunden und Besucher werden durch alle Mitarbeiter freundlich begrüßt.
- Schuld wird nicht weitergewälzt.
- Es werden auch mal freiwillig Überstunden übernommen.
- Schon der Empfang durch Pförtner oder Telefondame/-herr ist freundlich.
- Es herrscht echter Teamgeist.

Unternehmensleiter, die diese Signale von ihren Mitarbeitern empfangen, können stolz sein. Sie haben, ob intuitiv oder geplant, ein hervorragendes Arbeitsklima geschaffen, das sie fit für die geistigen Anforderungen des Marktes macht. Sie haben die «Nase vorn».

---

36 Vgl. ebenda

B. Der Mann als Maß aller Dinge?

Patriarchalische Strukturen sind zunehmend Auflösungsprozessen unterworfen. Trotzdem gilt der Mann in den Unternehmen vielfach noch als Maß aller Dinge. Wer gibt schon gerne seine Machtposition auf?! In den Entscheider-Positionen sitzen immer noch in der Regel Männer, die sich bei Besetzung neuer Stellen dann oft eher für Geschlechtsgenossen als für Frauen entscheiden. Männliche Netzwerke sind immer noch stark, daran ändern auch Frauenquoten nichts. Verhaltensänderungen werden zudem nicht von Zwängen erreicht, sondern nur durch Bewußtseinsänderungen.

Vorbehalte gegen Frauen in hervorgehobenen Positionen sind auch deswegen immer noch sehr groß, weil vielfach die Leistungsfähigkeit von Frauen unterschätzt wird. Dabei beweisen viele Frauen ihre Organisations- und Leistungsfähigkeit schon allein durch ihren Umgang mit ihrer Doppel- bis Dreifachbelastung.

Minutiöse Planung ist oftmals notwendig, um Beruf, Eheleben, Mutterrolle und Haushalt gleichermaßen gerecht zu werden. Trotz dieses schwierigen Parcours müssen die Frauen im Berufsleben oft noch besser als die Männer sein, um akzeptiert und anerkannt zu werden.

Anders als die Männer haben die Frauen niemanden im Rücken, der ihnen hilft, wenn zum Beispiel plötzlich das Kind krank wird oder auch nur, wenn Behördengänge zu erledigen oder Bankabwicklungen zu tätigen sind. Können sich Männer darauf verlassen, daß ihnen die treusorgende Ehefrau den Rücken freihält, so sind Frauen doch in der Regel auf sich selbst angewiesen bei der Organisation des außerbetrieblichen persönlichen Umfelds. Wer den Frauen vorwirft, daß diese Mehrfachbelastungen doch nicht notwendig seien und sie sich auf die Versorgung von Mann und Kinder konzentrieren sollten, der möge sich überlegen, ob ihm selbst dies für ein zufriedenes Leben genügt. Zudem bleibt die Anerkennung dieser «privaten» Leistungen durch die Gesellschaft immer mehr aus.

Das Yentl-Syndrom

Ein Beispiel aus der Medizin belegt, welch verkrustete Strukturen in den Köpfen von Entscheidungsträgern zu finden sind:

In Amerika ergab die Durchsicht der Krankenakten von rund 83 000 Patienten mit koronarer Herzkrankheit, die im Jahre 1987 in den amerikanischen Bundesstaaten Massachusetts und Maryland behandelt worden sind[37], daß bei Patientinnen ärztliche Kunst nur eingeschränkt angewandt wird. Als Beleg wird die Häufigkeit von Koronar-Angiographien angeführt. Diese Röntgenuntersuchung mit Kontrastmitteleinsatz wurde bei Frauen mit Verdacht auf Verengung der Herzkranzgefäße nur halb so oft vorgenommen wie bei Männern, die auf Grund des gleichen Verdachtes eingeliefert worden waren.

Nicht nur bei den Diagnose-, auch bei den Heilmitteln durften die Frauen sich hintanstellen: Die Ballondilatation und auch die Bypass-Operation wurde bei Frauen ebenfalls nur halb so oft angewandt wie bei Männern.

Die Ergebnisse dieser Studie überraschten am meisten die Ärzte selbst, waren sie doch stets davon überzeugt gewesen, Frauen und Männer gleich zu behandeln. Das überraschende Phänomen bekam auch gleich einen passenden Namen: «Yentl-Syndrom». So nannte die Präsidentin der amerikanischen nationalen Gesundheitsinstitute den gefährlichen Fakt, daß Frauen in der Medizin vom medizinischen Standpunkt aus den kürzeren ziehen.

Yentl ist der Name einer Jüdin, die als Mann leben mußte, um den Talmud studieren zu können. Zum Yentl muß also werden, wer als Frau nach den Regeln der ärztlichen Kunst behandelt werden will.

Schlummert das Yentl-Syndrom aber nicht auch im Wirkungsbereich anderer Disziplinen? Muß nicht auch im Wirtschaftsleben eine Frau zum Yentl werden, um von ihren männlichen Mitbewerbern akzeptiert und von den Chefs anerkannt zu werden?

Mann stellt sich selbst ein Bein

Selten nur tritt die Diskriminierung offen zutage, etwa in Argumenten wie: «Wir stellen keine Frauen ein, weil sie so oft krank werden», oder: «Frauen können nicht in verantwortungsvollen Positionen arbeiten, weil sie schwanger werden können», oder: «Frauen sind zu gefühlsbetont, wer kann sich schon eine Heulsuse am Konferenztisch leisten?», «Wenn es hart auf hart kommt, zählt immer noch der Mann».

So und auf ähnliche Weise werden große Leistungspotentiale übersehen. Denn häufig arbeiten Frauen härter als ihre männlichen Kollegen.

---

37 New England, Journal of Medicine, Band 325, S. 221.

Doch auch wenn sie qualifizierter sind, haben sie es schwer, leitende Positionen zu erreichen.[38]

Ganze Arbeit fordert den «ganzen Mann». Das Denken vieler Firmenchefs und Vorgesetzter scheint noch nicht beweglich genug, um die verkrusteten Strukturen aufzubrechen. Obwohl Frauen heute in ihrer Ausbildung kaum noch hinter den Männern zurückstehen, finden sie auf dem Arbeitsmarkt oft verschlossene Tore.

Innovative Unternehmen haben längst die Leistungsfähigkeit der Frauen erkannt. Sie bringen oft neuen Wind und neue Ideen ein. Die «weichen» Managementqualitäten, die heute zunehmend gefordert werden, sind ihnen schon lange zu eigen. Sie haben meist schon die Fähigkeit zu sensiblem Management, das sowohl Kundennutzen als auch Mitarbeiterzufriedenheit im Auge behält, eine Fähigkeit, die ihre männlichen Kollegen oft erst mühsam erwerben müssen.

Die Mythen des Managements, die die «harten» Qualitäten des «ganzen Mannes» sichtbar zutage treten lassen, sind nie Frauensache gewesen.

---

38 Vgl. hierzu: Bryce, Lee, Frauen auf Erfolgskurs, Strategien für den beruflichen Aufstieg.

III. Freude und Erfolg als Grundmotivation zur Leistung

«Was der Schlaf für den Körper, ist die Freude für den Geist: Zufuhr neuer Lebenskraft.»[39]

Vor 20 bis 30 Jahren waren Freude an der Arbeit und Leistungsmotivation überhaupt kein Thema. Dies rührte daher, daß ohnehin alle Waren, die produziert wurden, auch einen Abnehmer fanden. Die Konjunktur lief hervorragend, und kaum einer stand außen vor. Auch die Mitarbeiter leisteten bereitwillig ihren Beitrag.

Zum einen waren sie noch von den alten Pflicht- und Akzeptanzwerten geprägt, zum anderen wollten sie sich selbst etwas leisten, und das motivierte sie, ihre Arbeitsleistung in den Betrieben einzubringen.

Heute sind viele satt. Sie haben ihr Auto, ihre Couchgarnitur, Fahrräder für die Kinder, und genug und gut zu essen ist schon lange kein Thema mehr. Das Netz der sozialen Sicherheit läßt sie auch im Krankheits- oder Arbeitslosenfall nicht im Stich. Außer bei langfristiger Arbeitslosigkeit müssen sie auch in diesen Fällen kaum Abstriche vom erreichten Lebensstandard machen. Ihre Motivation, eine besondere Leistung im Betrieb zu erbringen, ist also geringer geworden. Schon daher müssen neue Wege zur Leistungsmotivation gegangen werden.

Zum anderen sind die Menschen aber auch als Kunden anspruchsvoller geworden. Sie beherrschen das Spiel, ihren Vorteil aus Verdrängungswettbewerb und Marktsättigung zu ziehen. Wenn der Service eines Unternehmens schlecht ist, ein Mitarbeiter am Telefon unfreundlich ist oder zugesagte Lieferfristen nicht eingehalten werden, dann ist der Wechsel zum Konkurrenten vorprogrammiert. Keiner läßt es sich heute mehr bieten, durch unhöfliche Mitarbeiter zurechtgewiesen zu werden. Schließlich ist der Kunde wieder König. Auch diese gestiegenen Kundenwünsche machen es unabdingbar, auf die Stimmungslage der Mitarbeiter zu achten und diese systematisch zu fördern.

Es ist also ein doppeltes Spiel, das gespielt wird. Von der einen Seite drücken die Kunden und von der anderen die Mitarbeiter.

---

39 Ihering, Der Zweck im Recht.

Voraussetzung für den Erfolg

Eine Voraussetzung für Erfolg ist immer, daß ein Zustand noch nicht optimal ist. Nur eine defizitäre Situation erlaubt eine Verbesserung, die als Erfolg verstanden werden darf. Auch der Begriff des Chancenmanagements fußt auf dieser Überlegung. In Defiziten die Chancen für Erfolg zu sehen ist eine der Voraussetzungen für erfolgreiches Unternehmertum.

Was in bezug auf den Markt bei vielen Unternehmern so einwandfrei funktioniert, wird von ihnen im Bereich Mitarbeiterführung oft übersehen. Auch hier lassen sich Erfolge durch Wahrnehmung von Chancen erzielen.

Oft liegt kreatives Mitarbeiterpotential brach, weil es von der Unternehmerseite nicht als Erfolgschance erkannt wird. Ähnlich wie der einzelne Mensch seine geistigen Potentiale kaum jemals voll ausreizt, verkennen viele Unternehmer auch die massiven Leistungspotentiale ihrer Arbeitnehmer. Nicht nur, daß die Unternehmen damit auch auf belegbare Produktivitätssteigerungen verzichten, sie bringen auch ihre Mitarbeiter um mögliche Erfolgserlebnisse. Damit verhalten sie sich konträr zu ihrer eigentlichen Zielsetzung.

Was bewegt die Menschen?

Die Leistungsbereitschaft der Arbeitnehmer wird in Zukunft ganz maßgeblich den Unternehmenserfolg determinieren. Deshalb kann es sich kein Unternehmen auf Dauer erlauben, mit Mitarbeitern nach Altväter Sitte umzuspringen. Die Motivation der Mitarbeiter, ihre Freude an der Arbeit und ihre Möglichkeiten, persönlichen Erfolg aus ihrer beruflichen Tätigkeit zu ziehen, werden zum Wettbewerbsfaktor erster Güte.

Es ist deshalb unbedingt nötig, daß sich Führungskräfte mit den besonderen Denk- und Verhaltensweisen ihrer Mitarbeiter beschäftigen. Zentrale Fragen sind dabei: Was bewegt die Mitarbeiter, ihre Arbeitskraft einer Firma zur Verfügung zu stellen? Welche Arbeitsbedingungen spielen für optimale Leistungserbringung eine Rolle? Und was kann eine Führungskraft tun, damit ein Mitarbeiter sich am Arbeitsplatz wohlfühlt?

Werte und Motive

Im Kapitel «Der Wandel von Werten und Anforderungen» wurden Werte als handlungsleitend diskutiert. Neben den im Lebenslauf relativ stabil mit der jeweiligen Persönlichkeit verknüpften Werten sind außerdem Motive für das Handeln bestimmend.

Haben Werte eher statischen Charakter, so sind die handlungsauslösenden Motive eher dynamisch angelegt. Sie verändern sich im Zeitablauf, und mit ihnen ändert sich auch die Empfänglichkeit für motivationale Anreize.

Jede Motivlage erfordert eine andere Strategie zur Motivation. Pauschale Anreizsysteme werden der Komplexität menschlichen Verhaltens und der einzelnen Persönlichkeit nicht gerecht. Gerade kosten- und leistungsbewußten Unternehmen dürften die Streuverluste pauschaler Entlohnungs- und Anreizsysteme zu groß sein, um sie beizubehalten.

Leistung = Freude

Bereits in der Kindheit wird der Grundstein für die Verknüpfung von Leistung und Erfolgserlebnis gelegt. Wer kennt nicht die Aufforderungen an Kinder wie etwa: «Wenn Du Dein Zimmer aufräumst, darfst Du noch auf den Spielplatz gehen», oder: «Wenn Du Deinen Teller aufißt, lese ich Dir eine Geschichte vor».

Der Mensch lernt von klein auf, daß er für Leistungen belohnt wird. Leistung = Belohnung, diese Wirkungskette prägt sich in unser Unterbewußtsein ein. Die Belohnung beschert uns ein Erfolgserlebnis, weil wir das bekommen, was wir uns gewünscht haben. Wir haben Erfolg mit unseren Bemühungen und empfinden Freude. Nur wenige Eltern verzichten auf das Mittel «Belohnung» in ihrer Erziehung. So prägt sich in unser Unterbewußtsein folgende erweiterte Kette ein: Leistung = Belohnung = Erfolgserlebnis = Freude. Die Belohnung darf natürlich nicht irgendeine beliebige Form haben, sie muß vielmehr unseren persönlichen Zielen entsprechen.

Ist für ein Kind eine Wasserpistole attraktiv, weil es damit angeben kann, so ist für ein anderes Kind eine Puppe zum Schmusen wichtig. Will ein Kind sich lieber auf dem Spielplatz für eine halbe Stunde austoben, so ist für ein anderes eine ruhige Märchenstunde eine größere Belohnung.

Die unbewußten Wirkungsketten unserer Kindheit tragen wir ein Leben lang mit uns herum. Sie bestimmen auch im Erwachsenenalter unser Tun. Erbringen wir eine Leistung, so erwarten wir dafür eine Belohnung. Diese Belohnung muß, um für uns attraktiv zu sein, unserem Wert- und Zielsystem entsprechen. Tut sie das, dann bestätigt sie uns unseren Erfolg, macht uns erfolgsbewußt und beschert uns Freude. Nichts tun wir umsonst, denn wer ist schon wirklich ein Altruist? Der von Gerd Gerken angekündigte zweite Wertewandel steht uns ja erst noch bevor.

Entdeckung der Individualität

Will ein Unternehmer seinen Mitarbeitern also Leistung entlocken, so muß er ihnen individuell auf ihr Werte- und Zielsystem zugeschnittene Belohnungen anbieten, keine pauschalen Belohnungen, sondern solche, die ihren Motiven entsprechen und für sie Freude und Erfolg bedeuten. Das heißt auch, daß leitende Mitarbeiter eines Unternehmens mit dem Wert- und Zielsystem und der Motivlage ihrer Mitarbeiter vertraut sein müssen, und zwar mit jedem einzelnen.

Das Gießkannenprinzip hat ausgedient, denn die breite Streuung gleichförmiger Belohnungen ist Schnee von gestern. Pauschale Belohnungssysteme, wie sie allerorten zu finden sind, berücksichtigen nicht die Individualität und Komplexität des einzelnen Mitarbeiters – ihr Anreizcharakter ist begrenzt. Sie sind oft nicht in der Lage, auf die unterschiedlichen Motive der Leistungserbringung einzugehen.

Für ein differenziertes Anreizsystem muß aber eine elementare Bedingung erfüllt sein: Der Vorgesetzte muß seine Mitarbeiter, ihre Werte, ihre Ziele und Motive kennen. Das setzt voraus, daß er sich intensiv mit ihnen und ihrem persönlichen Umfeld auseinandersetzt. Dazu gehören nicht nur die beruflichen, sondern auch die privaten Kontakte. Das heißt natürlich nicht, daß ein Vorgesetzter jeden Abend bei einem anderen Mitarbeiter im Wohnzimmer sitzt. Auch von einer Führungskraft kann das wohl kaum erwartet werden. Es bedeutet zum Beispiel eher, daß Gespräche zwischen Führungskraft und Mitarbeiter nicht nur rein fachlichen, sondern auch privaten Charakter haben.

1. Warum arbeiten wir?

Arbeitszeit ist Lebenszeit

Jeder Mensch hat nur ein begrenztes Kontingent an Lebenszeit. Trotzdem wird Zeit oft verschwendet. «Es ist nicht wenig Zeit, was wir haben, sondern es ist viel, was wir nicht nützen.»[40] Die Zeit begrenzt unser Leben. Trotz aller medizinischer Fortschritte ist noch kein Unsterblichkeitswässerchen erfunden worden, Zeit ist also ein Knappheitsgut.

Der Arbeitnehmer stellt seinem Arbeitgeber seine Lebenszeit zur Verfügung, weil er dafür eine Gegenleistung erhält. Je bewußter ein Arbeitnehmer mit seiner Lebenszeit umgeht, desto mehr wird er erwarten, daß auch während der Arbeitszeit sinnvolles Leben möglich ist. Er ist keine Maschine, die morgens um 8.00 Uhr angestellt und um 17.00 Uhr wieder ausgestellt wird.

Die rein finanzielle Komponente als Gegenleistung für die Zurverfügungstellung von Lebenszeit wird einem Arbeitnehmer, der auch ein persönliches Zielschema hat, nicht ausreichen. Er erwartet die Berücksichtigung seiner Persönlichkeit, seiner Ganzheit und der ihn handlungsleitenden Motive. Dafür ist er dann aber auch bereit, nicht nur Dienst nach Vorschrift zu machen, sondern sich engagiert für die Unternehmensziele einzusetzen.

Da eine erfolgreiche Persönlichkeit in der Regel auch eine persönliche Lebensplanung im Kopf hat, geht sie auch mit der Zeit bewußter um. Ein zielgerechtes Zeitmanagement geht oft mit einer positiven Lebenseinstellung Hand in Hand. Kurt Nagel zitiert Alain Lakein, einen der profiliertesten Fachleute auf dem Gebiet des Zeitmanagements in den USA, der ausführt: «Wer seine Zeit aus der Hand gleiten läßt, läßt sein Leben aus der Hand gleiten; wer seine Zeit in der Hand hat, hat sein Leben in der Hand.»[41]

---

40 Seneca, Abhandlungen.

41 Nagel, Kurt, Persönliche Erfolgsstrategien: Mit System zum Erfolg (Gabler's Magazin, Heft 12/1990, S. 15).

Erfolgsstrategie

Kurt Nagel beschreibt die persönliche Strategie erfolgreicher Menschen folgendermaßen: «Erfolgreiche Persönlichkeiten besitzen die Tendenz, herauszuragen mit ihren Leistungen, die ihnen tief im Innern von Bedeutung sind, und gleichzeitig nützlich zu sein, indem sie etwas tun, was auch für andere wichtig ist. Sie stellen aber stets ihre innere Überzeugung über den Wert ihrer Aufgaben und über ihre eigenen Fähigkeiten. Begeisterungsfähigkeit für Aufgabenfelder, die ihnen liegen, Optimismus auch bei schwierigen Problemen und eine imponierende innere Einsatzbereitschaft, die eng verbunden ist mit einer sozialen Komponente und ethischem Empfinden, zeichnen den Erfolgsmenschen aus.»[42]

Für einen ganz wesentlichen Faktor bei der persönlichen Strategie, hält Kurt Nagel die Selbstbestimmung bei der Zielsetzung. Denn «nur wer die eigenen Ziele festsetzt und anstrebt, ohne dabei fremdbestimmt zu sein, das heißt aus Mangel an eigenen Zielvorstellungen für die Ziele anderer eingespannt zu werden, der wird seine Ziele erreichen und dabei seine Kräfte optimal mit dem größtmöglichen Effekt entfalten können.»[43]

Verknüpfung von Produktivität und individuellen Zielen

Jede Organisation gründet sich auf das Individuum. Es ist somit auch die Basiseinheit jeder organisatorischen Verhaltensanalyse![44] Gruppen, Unternehmen oder andere Organisationen werden von den Beziehungen der einzelnen Individuen geprägt. Diese erreichen damit eine höhere Komplexität. Um Aussagen über Verhalten von Menschen in Unternehmen machen zu können, müssen also zuerst individuelle Verhaltensweisen und Verhaltensgrundlagen untersucht werden.

Im hier relevanten Zusammenhang sind vor allem motivationstheoretische Ansätze von Interesse. Es lassen sich aus der großen Zahl entwickelter Motivationstheorien vor allem zwei Grundrichtungen unterscheiden:

1. Die formalen Prozeßtheorien: Sie versuchen den Prozeß der Entstehung, Ausrichtung und Energieladung von Verhaltensweisen zu erklä-

---

42 Vgl. ebenda, S. 14.

43 Vgl. ebenda.

44 Vgl. Steinmann, H./Schreyögg, A., Management: Grundlage der Unternehmensführung; Konzepte, Funktionen, Praxisfälle, Wiesbaden 1990, S 409.

ren. Sie untersuchen, wie durch das Zusammenwirken verschiedener Variablen – wie auch beispielsweise Belohnung, Anreiz, Trieb – Motivation entsteht.[45]

2. Die inhaltlichen Theorien: Diese beschäftigen sich dagegen mit konkreten Motiven. Hierzu zählt zum Beispiel das Bedürfnis nach Sicherheit, Anerkennung, gerechter Entlohnung. Die inhaltlichen Theorien gehen davon aus, daß diese Motive das Verhalten des Individuums bestimmen. Sie geben auch eine Antwort auf die Frage, wie eine Organisation oder ein Vorgesetzter positiv motivieren kann.[46]

Formale Prozeßtheorien

Eine der bekanntesten formalen Prozeßtheorien zur Erklärung ist das Modell von Vroom.[47] Für Vroom ist menschliches Verhalten grundsätzlich Entscheidungsverhalten.

Ein Individuum entscheidet sich zwischen mehreren Handlungsalternativen. Entsprechend definiert Vroom Motivation auch als «Prozeß, der die Wahl zwischen verschiedenen (freiwilligen) Aktivitäten bestimmt.»[48]

Handlungen werden in Erwartung eines bestimmten Ergebnisses getätigt. Die Alternative, die das höchste Ergebnis verspricht, wird ausgewählt.

Das Vroomsche Modell wird von Lawler erweitert.[49] Er spaltet die von Vroom eingeführte Erwartungswahrscheinlichkeit – die Wahrscheinlichkeit, daß die für eine Leistung in Aussicht gestellte Konsequenz (zum Beispiel eine Beförderung) auch tatsächlich gezogen wird – auf in eine erste und eine zweite Erwartungswahrscheinlichkeit.

Die erste Erwartungswahrscheinlichkeit dient der Schätzung, wie sicher das Individuum mit einer entsprechenden Anstrengung die gestellte Aufgabe tatsächlich zu bewältigen vermag. Dies hängt zum Beispiel auch davon ab, wie das organisatorische Umfeld gestaltet ist. Sind individuelle Leistungen direkt zurechenbar? Dies wäre zum Beispiel eine der ersten Erwartungswahrscheinlichkeit zuzuordnende Frage.

---

45 Vgl. ebenda.

46 Vgl. ebenda.

47 Vroom, V., Work and Motivation, New York 1964.

48 Ebenda, S. 6 und: Steinmann/Schreyögg, Management, a.a.O., S. 410.

49 Vgl. Lawler, E.E., Motivation in work organizations, Monterey/California 1973.

Die zweite Erwartungswahrscheinlichkeit richtet sich dahingehend, ob die in Aussicht gestellte organisatorische Konsequenz tatsächlich auf die Leistung folgt. Dieser Aspekt wird von Erfahrungen in der Vergangenheit, der Glaubwürdigkeit des Managements und Persönlichkeitsmerkmalen wie zum Beispiel dem Hang zum Pessimismus/Optimismus geprägt.

Beide Wahrscheinlichkeiten werden multiplikativ verknüpft.[50]

Für die Unternehmensführung ergibt sich aus diesem Vroomschen Modell, das auch Erwartungs-Valenz-Modell genannt wird, daß eine hohe Motivation nur dann erreichbar ist, «wenn es dem Management gelingt, die Aufgabenziele und das dazugehörige Anreizsystem so auszulegen, daß mit ihrer Erreichung zugleich die individuellen Ziele und Wünsche erfüllbar werden.»[51]

Der große Nachteil der formalen Prozeßtheorien liegt in der mangelnden Information über Zielsystem, Instrumentalität und subjektive Wahrscheinlichkeit jedes einzelnen Individuums, Informationen, die zur Motivation nach diesen Theorien aber nötig wären.

Ein weiterer Nachteil ist, daß das Modell hauptsächlich auf der sogenannten extrinsischen Motivation aufbaut. Intrinsische Motivation wird kaum berücksichtigt.

Extrinsische und Intrinsische Motivation

Extrinsische Motivation nennt man jene Motivation, die auf dem Gedanken der externen Belohnung aufbaut. Sie kann nicht erklären, warum Individuen unabhängig von Belohnungen Leistung erbringen.

Die intrinsische Motivation, oder auch «Ego Involvement», ist dann gegeben, wenn Individuen eine gute Arbeitsleistung erbringen, unabhängig davon, ob sie dafür mit anderen Dingen belohnt werden. Die besondere Arbeitsleistung selbst wird als belohnend empfunden.[52]

Inhaltliche Motivationstheorien

Die Prozeßtheorien haben nur begrenzte Aussagekraft. Sie können bestimmte Teilaspekte im Motivationsprozeß, wie zum Beispiel die Bedeutung von Erwartungen oder die Verknüpfung verschiedener Motive, ver-

---

50 Vgl. hierzu Steinmann/Schreyögg, Management, S. 416 ff.

51 Vgl. ebenda, S. 417.

52 Vgl. hierzu ebenda, S. 412.

deutlichen. Sie können jedoch nicht, wie inhaltliche Motivationstheorien, die Wünsche nach Selbstentfaltung des Menschen am Arbeitsplatz erklären.

Die inhaltlichen Motivationstheorien versuchen, diesen Weg zu gehen und den ganzen Menschen in ihre Erklärungsmodelle mit einzubeziehen.

Das wohl anschaulichste und zugleich populärste inhaltliche Motivationsmodell ist die Maslowsche Bedürfnispyramide.

Die Maslowsche Bedürfnispyramide

Sie dient dem grundlegenden Verständnis von Handlungsmotiven und erklärt, warum ein Mensch überhaupt handelt und was ihn motiviert, ständig mehr zu leisten.

Die inhaltlichen Motivationstheorien gehen von einem Mangelzustand aus. Die Grundannahme ist, daß der Mensch nur deshalb handelt, weil er einen Mangel empfindet. Er hat einen angestrebten Zustand noch nicht erreicht, zumindest nicht für ihn optimal.

Maslow reichte das Streben, einen Mangelzustand zu beheben, als Erklärung von Handlungsmotivation nicht aus. Er versuchte mit seiner Motivationstheorie, die er 1954 in dem Buch «Motivation and Personality» niederlegte[53], gleichzeitig noch weitergehende Phänomene menschlichen Verhaltens, wie menschliche Neugierde, spielerische Beschäftigung, Lust an der Herausforderung, Interesse am Lernen, auch Anregungs- oder Abundanzmotive genannt, zu erklären.[54]

Maslow ordnete menschliche Bedürfnisse fünf Klassen zu. Gleichzeitig setzte er diese Klassen in eine hierarchische Ordnung, der er eine pyramidale Form zusprach.

Die fünf Bedürfnisklassen können folgendermaßen charakterisiert werden.

1. Fundamentale physiologische Bedürfnisse:
   Diese Bedürfnisse ergeben sich aus der Natur des Menschen. Es zählen hierzu Essen, Trinken, Kleidung und Wohnung. Ohne die Befriedigung dieser physiologischen Bedürfnisse kann der Mensch nicht überleben.

---

53 Vgl. Maslow, A. H., Motivation and Personality, New York 1954.

54 Vgl. Kretch, D./Crutchfield, R.S., Grundlagen der Psychologie, Weinheim/Basel 1985, S. 26 ff.

2. Sicherheitsbedürfnisse:
   Die Sicherheitsbedürfnisse drücken das Verlangen nach Schutz vor unvorhersehbaren Ereignissen des Lebens, wie Unfall, Beraubung, Invalidität, Krankheit und ähnlichem, aus, die die Befriedigung der physiologischen Bedürfnisse gefährden können.

3. Soziale Bedürfnisse:
   Zu den sozialen Bedürfnissen zählen das Verlangen nach Anerkennung, das Bedürfnis nach Geselligkeit und Gemeinschaft, Freundschaft und Zusammengehörigkeit.

4. Ich-Bedürfnisse oder auch Wertschätzungsbedürfnisse:
   Diese Bedürfnisklasse spiegelt das Bedürfnis nach Anerkennung, Prestige, Selbstachtung und Selbstvertrauen wieder. Der leitende Wunsch ist hier, nützlich und notwendig zu sein.

5. Selbstverwirklichungsbedürfnis:
   Dieses Bedürfnis bildet die Spitze der hierarchisch geordneten Bedürfnispyramide. Zur Selbstverwirklichung zählt das Streben nach Unabhängigkeit, nach Entfaltung der eigenen Persönlichkeit und nach Selbstfindung.[55]

Maslow ordnete diese fünf Bedürfnisklassen pyramidal an, weil seiner Meinung nach erst bei Befriedigung einer tieferen Bedürfnisklasse die Bestrebungen auf Erreichung der nächsthöheren Klasse handlungsleitend werden. Bedürfnisklasse Nummer 1 zeigt die grundlegendsten Bedürfnisse, die die Basis der Pyramide bilden, die Stufen 2, 3 und 4 steigen weiter auf, und Klasse 5 schließlich bildet die oberste Klasse, die Spitze der Pyramide.

Bedürfnisse der Klassen 1 bis 4 stellen Defizitmotive dar und Klasse 5 zeigt Wachstumsmotive. Um Defizit- und Wachstumsbedürfnisse zu spezifizieren, stellt Maslow zwei Thesen auf, das Defizitprinzip und das Progressionsprinzip.

---

55 Vgl. zur Maslowschen Bedürfnispyramide: Maslow, A.H., Motivation ...a.a.O., Steinmann, H./Schreyögg, A., Management: Grundlage der Unternehmensführung; Konzepte, Funktionen, Praxisfälle, Wiesbaden 1990, S. 420 ff.; Nischlag, R./Dichtl, E./Hörschgen, H., Marketing, 14. völlig neu bearbeitete Auflage, Berlin 1985, S. 460 ff.

Das Defizitprinzip besagt, daß nur unbefriedigte Bedürfnisse Motivationskraft haben. Ein Mensch strebt nur so lange nach der Befriedigung eines der genannten Bedürfnisse, bis dessen dauerhafte Befriedigung sichergestellt ist. Durch Veränderung der Lebensumstände und andere Umfeldbedingungen kann ein schon befriedigtes Bedürfnis jedoch jederzeit wieder als unbefriedigt auftauchen.

Nach dem Progressionsprinzip strebt das Individuum grundsätzlich das hierarchisch niedrigste unbefriedigte Bedürfnis an. Ist dieses zu einem ausreichenden Teil befriedigt, wird das nächsthöhere Segment angesteuert. Lediglich die Wachstumsmotive an der Spitze der Pyramide können nie grundlegend befriedigt werden. Maslow geht auch bei den Defizitmotiven nicht davon aus, daß eine hundertprozentige Deckung der Bedürfnisse erreicht sein muß, um höhere Bedürfnisklassen anzusteuern. Häufig reichen 50 bis 70 Prozent Bedürfnisbefriedigung schon aus, um höhere Segmente als erstrebenswert ins Auge zu fassen.

Trotz einiger Kritik am Maslowschen Ansatz, die sich in der Regel auf die mangelnde empirische Überprüfbarkeit bezieht, hat dieser bis heute enorme Bedeutung bei der Erklärung von handlungsleitenden Motiven.

Viele Autoren haben sich inzwischen an Maslow angelehnt und seine Theorie weiter spezifiziert.

Hans-Günther Zempelin merkt zu Maslows Bedürfnispyramide an: «Die von Maslow entwickelte Bedürfnispyramide hat meines Erachtens die Bedeutung der Entlohnung als Anreiz zur Leistung im Prinzip richtig eingeordnet: In dem Maße, in dem die Wünsche des Menschen – nach erfolgter Erfüllung elementarer Notwendigkeiten – auf der Bedürfnispyramide nach oben klettern, nimmt der Wert des Geldes als Anreiz ab. Er wird natürlich nie ganz verschwinden, wohl aber immer mehr zurücktreten hinter dem Wunsch nach Anerkennung und Status, oder schließlich hinter dem Streben nach Selbstverwirklichung, das an der Spitze der Pyramide steht.»![56]

Zempelin greift den Gedanken Maslows nicht nur auf, sondern erweitert ihn: «Meines Erachtens wird bei Maslow das nicht deutlich, was ich einmal die Sekundärfunktion des Gehaltes nennen möchte. Das Gehalt dient ja nicht nur zur Erfüllung einfacher oder gehobener Bedürfnisse,

56 Zempelin, Hans-Günther, Leistung im Betrieb – Fakten und Probleme aus der Sicht betrieblicher Führungspraxis (Leistung und Wettbewerb, Herausforderungen und Folgerungen, Veröffentlichungen der Walter-Raymond-Stiftung, Band 16, Köln 1974) S. 139.

sondern es soll doch zugleich Anerkennung der betrieblichen Leistung sein.»[57] Eine Gehaltserhöhung steigert das Selbstwertgefühl und motiviert. Sie motiviert um so stärker, je deutlicher die Statusverbesserung ausfällt. Diese läßt sich jedoch nur dann überprüfen, wenn die Gehaltsstruktur transparent gemacht worden ist.

Seltsamerweise haben die meisten Arbeitgeber Angst vor der Offenlegung ihrer Gehaltspolitik. Stillschweigen über Gehälter zu vereinbaren gehört fast immer zum Einstellungsgespräch. Damit berauben sich die Firmen eines wichtigen Motivationsinstruments. Da für die meisten die Lohn- und Gehaltsstruktur ihres Unternehmens im Dunkeln bleibt, können sie sich selbst und die Anerkennung, die ihrer Leistung und ihnen entgegengebracht wird, nicht richtig einschätzen.

Dubiose Andeutungen im Kollegenkreis führen zu Verunsicherungen und heben die motivierende Wirkung des Gehaltes und selbst von Gehaltserhöhungen nach kurzer Zeit wieder auf. Optimal und längerfristig mit Gehaltserhöhungen motivieren kann man nur, wenn die betriebliche Lohn- und Gehaltsstruktur transparent gemacht wird.

Die Zweifaktorentheorie von Herzberg

Ein weiteres bedeutsames Motivationsmodell wurde von Herzberg entwickelt. Grundlage der Herzbergschen Theorie war die Befragung von Arbeitern und Angestellten aus der Pittsburger Region. In 4 000 Interviews wurden sie nach Ereignissen befragt, die sie als besonders befriedigend oder besonders unbefriedigend empfunden hatten.[58] Anders als Maslow unterscheidet Herzberg nicht Bedürfnisklassen, sondern Hygienefaktoren und Motivatoren.

Er geht davon aus, daß Unzufriedenheit im Arbeitsumfeld durch die Nichtbefriedigung von Hygienefaktoren hervorgerufen wird. Zu den Hygienefaktoren zählt er Arbeitsbedingungen, Personalpolitik und Arbeitssicherheit, Gehalt, Kompetenz der Vorgesetzten und Entlohnung. Sind diese Faktoren nicht ausreichend berücksichtigt, herrscht Unzufriedenheit. Ein zunehmender Einsatz von Hygienefaktoren (dissatisfiers) führt jedoch nicht zur Zufriedenheit, sondern lediglich zum Fortfall von Unzufriedenheit.

---

57 Vgl. ebenda, S. 140.

58 Vgl. Herzberg, F./Mausner, B./Snyderman, B.D., The motivation to work, 2. Aufl., New York 1967.

Durch die Befriedigung der Hygienefaktoren kann auch keine Motivationswirkung erreicht werden. Die Befriedigung hier gezeigter Bedürfnisse stellt lediglich eine Vorbedingung für den erfolgreichen Einsatz von Motivatoren dar.

Zufriedenheit wird nur durch den Einsatz von sogenannten Motivatoren (satisfiers) erreicht. Herzberg zählt hierzu die Arbeit selbst, Anerkennung für die geleistete Arbeit, Aufstiegsmöglichkeiten, Leistungs- und Erfolgserlebnisse und die Übertragung von Verantwortung. Eine hohe Motivation kann nach Herzberg also nur über die Kombination von Motivatoren und Hygienefaktoren erreicht werden.

Anders als Maslow sieht Herzberg nicht in jedem unbefriedigten Bedürfnis eine Chance zur Motivierung. Querbezüge zu Maslow lassen sich jedoch auch herstellen. Auch bei Maslow können Selbstverwirklichungsmotive erst zum Einsatz kommen, wenn die Defizitbedürfnisse befriedigt sind.

Ursache menschlicher Unrast oder: Maslow – dynamisch betrachtet

Eine hervorragende Interpretation und Weiterführung des Maslowschen Ansatzes findet sich bei Werner Correll. Er fügt der Maslowschen Bedürfnispyramide eine dynamische Komponente hinzu. Er folgt Maslow insoweit, als er auch von einer hierarchischen Ordnung der Bedürfnisse ausgeht. Diese Ordnung sei aber nicht statisch, sondern dynamisch und befinde sich in einem dauernden Wechsel und in einer permanenten Umstrukturierung.[59]

Maslows Bedürfnispyramide erhält dadurch einen neuen Sinn und kann nun auch erklären, warum ein Mensch im Grunde nie auf Dauer befriedigt und zufrieden sein kann. Jedesmal, wenn Zufriedenheit durch die Saturierung des jeweiligen Nummer-1-Bedürfnisses erreicht ist, sinkt dieses Motiv auf eine niedrigere Dringlichkeitsstufe der Pyramide herab, und ein zweites Motiv setzt sich an die erste Stelle. Der Mensch strebt aufs neue die Erfüllung seines Nummer-1-Bedürfnisses an, das eigentlich das Nummer-2-Motiv ist. So erreicht der Mensch nie einen Zustand von Ruhe und Zufriedenheit.[60]

---

59 Vgl. Correll, Werner, Motivation und Überzeugung in Führung und Verkauf, 6. Auflage, Landsberg/Lech 1991, S. 28.

60 Vgl. ebenda

Der Mensch wird sich also nie in seinem Sessel zurücklehnen können und sagen: So wie es ist, ist es recht, und so soll es bleiben. Ihn treibt die Unrast und die Unzufriedenheit weiter. Und gerade diese Unzufriedenheit ist es, die den Menschen überhaupt motivierbar macht. Resignation angesichts des unerreichbaren ewigen Glücks ist also unangebracht. Vielmehr müssen wir uns also umstellen auf das Glück im kleinen, auf die kurze Zufriedenheit, die aus dem kurzen Erleben der Erfüllung unseres Nummer-1-Bedürfnisses resultiert, ehe es in unserer Bedürfnisskala wieder nach hinten rückt.

Was uns im kleinen immer weiter treibt und nicht rasten läßt, treibt auch die Wirtschaft und die ganze Welt an. Alle Erfindungen, Entdeckungen und Entwicklungen haben ihre Wurzeln in dieser Erkenntnis. Würde die Bedürfnispyramide nicht rotieren, so wären wir mit dem Status quo zufrieden. Es gäbe keine Forderungen nach Gehaltserhöhung und Partizipation an der Verantwortung, es gäbe keine neuen technischen Errungenschaften, keinen Ölkrieg und keine Motivationsseminare. Vermutlich würden wir noch in einer Höhle hausen, und das Glück wäre verschwunden, weil es zu alltäglich wäre. Aber wer weiß …

Der Mensch strebt also immer nach denjenigen Dingen und Zuständen, die er gerade nicht besitzt.[61] Das Erhalten und der Erwerb von Dingen und Zuständen lösen Glücks- und Zufriedenheitsgefühle aus und nicht deren Erreichen bzw. Besitz. Das, was wir besitzen, achten wir nicht.

Primäre und sekundäre Motivation

«Grundsätzlich läßt sich zwischen einer primären und einer sekundären Motivation unterscheiden, je nachdem, ob man ein Ziel um seiner selbst Willen anstrebt (primäre Motivation) oder ob man es als Mittel zu einem anderen Zweck anstrebt (sekundäre Motivation).»[62]

Diese Definition läßt schon erahnen, daß der Mensch bei dem überwiegenden Teil seiner Tätigkeiten nicht primär, sondern sekundär motiviert ist. Wer strebt schon an, Arbeit um ihrer selbst willen zu leisten, mit dem Auto im Stau zu stehen, Lebensmittel für die Versorgung der Familie einzukaufen, das Feld zu bestellen oder Zahlenkolonnen zu addieren? Da, wo etwas getan werden muß, wird man in der Regel keine primäre

61 Vgl. Correll, Werner, a.a.O., S. 26.

62 Correll, Werner; Menschen durchschauen und richtig behandeln (Psychologie für Beruf und Familie, 11. Auflage, München 1991, S. 41).

Motivation als Handlungsgrund annehmen können. Diese «Muß»-Tätigkeiten werden vielmehr deshalb erledigt, weil sie im weitesten Sinne dem Lebenserhalt dienen. Für diesen Zweck nur Tätigkeiten auszuüben, für die man aber nicht primär motiviert ist, schafft keine vollkommene Zufriedenheit und kein Glück.

«Will man also einen Menschen – oder sich selbst auch – glücklich und gleichzeitig leistungsstark machen, so würde die Anweisung lauten: Versuche, ihn primär zu motivieren, und zwar für möglichst alle Tätigkeitsbereiche, für seinen Beruf und für seine Freizeit- und Familienaktivitäten!»[63]

Menschen suchen auch in bezug auf ihre Arbeit und ihr Arbeitsumfeld nicht die bestmögliche Bezahlung und die tollste Incentive-Reise, sondern sie suchen Joy, also Freude und Erfolg. Je nach ihrem persönlichen Grundmotiv kann Freude und Erfolg anders ausgelöst werden. Für den einen ist tatsächlich die bestmögliche Bezahlung ein Gradmesser für den persönlichen Erfolg und stiftet ihm so Freude, für einen anderen resultiert Freude am Arbeitsplatz aus der größtmöglichen Selbstbestimmung und Verantwortung.

Genausowenig wie es den geklonten Einheitsmenschen gibt, so wenig dürfte es auch pauschale Beurteilungs-, Anreiz- und Entlohnungssysteme und Arbeitsplatzbeschreibungen geben. Der Mensch ist keine Maschine, die gleichförmig und jederzeit reproduzierbar eine gleichartige Leistung erbringt.

Der Mensch ist und bleibt ein Individuum, das Lebenszeit für einen Betrieb nur deshalb opfert, weil bestimmte Bedürfnisse für den Menschen in der Regel auf keinem anderen Weg erfüllt werden können.

Normalerweise ist der Mensch für Arbeit also nur sekundär motiviert, das heißt, er tut die Arbeit nicht um der Arbeit willen, weil sie ihm Spaß macht, sondern nur als Mittel zum Zweck. Erst wenn ein Unternehmer es schafft, seinen Arbeitnehmern auch in ihrem beruflichen Alltag die Befriedigung ihrer Grundbedürfnisse und der sie handlungsleitenden Motive zu ermöglichen, wird der Sprung zur primären Motivation machbar.

Ein primär Motivierter arbeitet um der Sache selbst willen. Bei ihm kommen die Unternehmensziele und seine eigenen Ziele zur Deckung. Für ihn ist die Arbeit nicht mehr Mittel zum Zweck, sondern Quelle der Zufriedenheit. Sie spendet ihm persönlichen Erfolg und Freude. Um diese Freude zu erhalten und immer wieder zu empfinden, wiederholt er die

---

63 Vgl. ebenda, S. 43.

erfolgsversprechende Leistung. «Der Erfolg gebiert den Erfolg, wie das Geld das Geld.»[64]

Was bedeutet eigentlich «motivieren», was ist «Motivation»?

Motivation, ein Begriff, dessen Wortstamm sich aus dem Mittel- bis Neulateinischen herleitet, heißt laut Duden «das sich-gegenseitig-Bedingen seelischer Geschehnisse», oder auch «die Beweggründe des Willens», und motivieren heißt laut Duden «begründen».[65] Die zu verrichtende Tätigkeit muß also begründet werden. Dem arbeitenden Menschen muß ein Motiv für seine Tätigkeit gegeben werden, ein Motiv, das ihm einen Beweggrund liefert.

Im Unternehmensumfeld hat sich als Sprachgebrauch für das Wort «motivieren» eher die Bedeutung «leistungssteigernd wirken» durchgesetzt. Dies setzt voraus, daß bereits eine Leistung erbracht wird, der man nur mehr Nachdruck verliehen sehen möchte. Eine generelle Begründung für die Erbringung von Leistung wird damit nicht als notwendig angesehen, sondern wohl als schon gegeben angenommen.

Glücksangebote und Grundmotiv

Ist denn die Frage junger Menschen nach dem Sinn des Lebens und dem Sinn der Arbeit heutzutage nichts anderes als eine Frage nach den ihnen nicht ersichtlichen Motiven für Handlung? Die Sehnsucht nach dem Glück ist bei ihnen noch besonders heftig. Angebote, egal welcher Art, werden nach ihrer Potenz, Glücksmomente zu stiften, durchforstet.

Der Glückshunger dieser jungen Generation ist ungebrochen. Ihn zu befriedigen und die ungeheure Kraft, die in ihr steckt, zu nutzen, kann gelingen, wenn man dieser Generation Glücksangebote macht. Glücksangebote, das sind Chancen auf Befriedigung der primären Motivation.

Werner Correll, Ordinarius für Pädagogische Psychologie an der Universität Gießen, der bereits im Zusammenhang mit dynamischer Motivfolge genannt wurde, unterscheidet fünf Grundmotive menschlichen Handelns. Sein Handeln an diesen Motiven zu orientieren bedeutet, der primären Motivation zu folgen.

---

64 Chamfort, Maximes et pensées; Ihering, Der Zweck im Recht

65 Der große Duden, Fremdwörterbuch, Band 5, bearbeitet von Karl-Heinz Ahlheim u.a., 2. verbesserte Auflage, Mannheim 1966, S. 460.

Die Motive menschlichen Handelns zu erkennen und zu achten, ist eine Grundvoraussetzung für das Begreifen einer «Selbstverständlichkeit»: daß der Mensch eine Einheit aus Geist, Körper und Seele ist. Nun jedoch zu den Grundmotiven von Correll.

Er unterscheidet:

1. Soziale Anerkennung

2. Sicherheit und Geborgenheit

3. Vertrauen

4. Selbstachtung

5. Unabhängigkeit und Verantwortung

☞ zu 1: Soziale Anerkennung

Die soziale Anerkennung, die wir auch in der Maslowschen Bedürfnispyramide finden, ist der Ausdruck des Strebens der Menschen nach Anerkennung durch andere, Anerkennung innerhalb von Gruppen, in denen sich der Mensch bewegt.

Ein Mensch, der primär über soziale Anerkennung zu motivieren ist, das heißt, dessen hervorstechendes Handlungsmotiv die Anerkennung durch andere und das Erreichen einer möglichst hohen Position innerhalb einer Gruppe ist, verspürt am wahrscheinlichsten Glücksgefühle im Arbeitsleben, wenn er durch Ranghöhere bestätigt wird. Dies kann zum Beispiel auch durch die Übertragung von verantwortungsvollen Aufgabenfeldern geschehen, deren Bearbeitung soziales Prestige einbringt.

Ein primär anerkennungsorientierter Mensch steht nicht im Schatten, er hebt sich hervor, macht auf sich aufmerksam und ahmt die Attitüden von Trendsettern nach. Er will ganz oben mitmischen. Einen solchen Mitarbeiter bindet man am besten und für ihn – zwangsläufig ebenso wie für das Unternehmen – erfolgsträchtigsten ein, indem man ihm Prestigegewinn für gewünschtes Verhalten signalisiert. Besonderen Belohnungen gegenüber, wie zum Beispiel einem Abend mit dem Chef oder einer Einladung in den Golf-Club, ist er besonders zugänglich.

Alle Aktionen, die ihn stärker aus einer Gruppe hervorheben, herausheben, ihm die Bewunderung anderer verschaffen, sind dazu geeignet, sein Verhalten zu leiten und gegebenenfalls. auch zu verändern. Dies geschieht auf eine für beide Parteien angenehme Art. Der Arbeitnehmer erfährt Erfolg durch seine Arbeit, dies spornt ihn an und verschafft ihm Glücksgefühle.

Die Unternehmensziele werden dabei aber auch nicht außer acht gelassen, denn die Produktivität des so motivierten Mitarbeiters steigt an.

Wenn es gelingt, aus der sekundären Motivierung, der nur abgeleiteten Motivation zur Arbeit, eine primäre Motivation zu machen, dann ist ein erster wichtiger Schritt zu mehr Joy im Beruf und zu mehr Harmonie zwischen Arbeitnehmer- und Unternehmerzielen getan.

☞ zu 2: Sicherheit und Geborgenheit

Ein Mensch, dessen Hauptbeweggrund für sein Handeln in dem Streben nach Sicherheit und Geborgenheit zu sehen ist, ist vollkommen anders zu motivieren. Ein solcher Arbeitnehmer ist der Widerpart zu dem Anerkennungsmotivierten. Während dieser nach sozialer Anerkennung strebende Mensch für alles Neue spontan zugänglich ist, scheut der Sicherheit und Geborgenheit Suchende alle Veränderungen. Diese Menschen würden lieber gestern leben als morgen. Ihr Lieblingsspruch ist, daß etwas gut ist, weil es doch schon immer so gemacht worden ist.

Die alte Dampflokomotive ist ihnen vertrauter als der ICE, und sie ziehen das Sammeln von Länderbriefmarken der Weltreise vor. Ihre Beständigkeit kann der Eckpfeiler jeder Buchhaltung sein. In schnellebigen Marketingabteilungen gehen sie jedoch ein wie eine Seerose im Bachlauf. Hier Verhaltensformen zu verändern, kann nur ganz sukzessive geschehen. Behutsamkeit ist erste Chef-Pflicht.

☞ zu 3: Vertrauen

Das dritte Grundmotiv spiegelt die Sehnsucht des Menschen nach Anerkennung durch einen bestimmten anderen Menschen wieder. Grundlage dieser Beziehung zu einem anderen Menschen ist Liebe, die aber in diesem Zusammenhang nicht mit Sexualität zu verwechseln ist.[66]

Der vertrauensmotivierte Mitarbeiter sucht auch im Betrieb nach Menschen, denen er vertrauen kann und von denen er vertrauensvolle Zuwendungen erwartet. Er sucht Nähe und erwartet, daß man Interesse für seine Probleme zeigt. Sein Verhalten zum Vorgesetzten ist loyal und zuverlässig. Auch zu ihm strebt er ein persönliches Verhältnis an. In der Gruppe

---

66 Correll, Werner, Motivation und Überzeugung in Führung und Verkauf, a.a.O., S. 32.

verhält er sich kompromißbereit und ist abhängig von Bezugspersonen.[67]

Einen diesem Vertrauensmotiv folgenden Mitarbeiter motiviert man durch Stärkung des Wir-Gefühls. Seinem Chef, dem er vertraut, wird er nie am Stuhl sägen. Auch andere Karrieretricks sind etwas für Ehrgeizlinge, aber nicht für ihn. Für einen Chef, der ihn ins Vertrauen zieht, steht er wie ein Fels in der Brandung.

Er ist kein kreativer Mensch, eher konventionell und konservativ, aber wenn man sich Zeit für seine Probleme nimmt, dann kann man sich auch in kritischen Situationen auf ihn verlassen.

☞ zu 4: Selbstachtung

Der Selbstachtungsmotivierte ist ein geborener Einzelgänger. Der Umgang mit ihm gestaltet sich schwierig. Wer diesem Grundmotiv überwiegend folgt, der legt auf Exaktheit und Pünktlichkeit Wert. Er ist kompromißlos, pedantisch und eitel, neigt zu Fanatismus und ausgefallenen Sammeleien.[68] Durch seine Intoleranz isoliert er sich von anderen. Sowohl als Vorgesetzter als auch als Mitarbeiter ist ein Umgang mit ihm äußerst schwierig. Da er nur seine eigene Meinung gelten läßt, auf der er rechthaberisch und unnachgiebig besteht, prallen alle Argumente für andere Standpunkte an ihm ab.

Teamgespräche sind für ihn Zeitverschwendung, da es sowieso nur eine richtige – nämlich seine – Auffassung gibt. Als Vorgesetzter findet er keinen Zugang zu partizipativem Führungsstil. Im betrieblichen Umfeld ist ein vorrangig selbstachtungsmotivierter Mitarbeiter nur schwierig einzusetzen. In Firmen, die einen demokratischen Führungsstil praktizieren, wird es immer wieder Konfrontationen geben.

Nur in der Anpassung an einen solchen Menschen, in der Übernahme seiner Korrektheit und Kompromißlosigkeit liegt eine Möglichkeit des Zusammenlebens und Zusammenarbeitens. «In der Regel wird es allerdings Konflikte geben, wie sie etwa unter neurotischen Menschen fast unvermeidlich sind, denn der Anteil der Neurotiker unter diesen Nummer-4-Motivierten ist signifikant höher als der bei irgendeiner anderen Grundmotivation.[69]

---

67 Vgl. ebenda, S. 43.

68 Vgl. ebenda, S. 43.

69 Correll, Werner, Menschen durchschauen und richtig behandeln, a.a.O., S. 39.

☞ **zu 5: Unabhängigkeit und Verantwortung**
Die «geborenen» Unternehmer findet man in der Gruppe der an Motiv 5 orientierten Menschen. Sie wollen unabhängig sein und Verantwortung für ihr eigenes Tun übernehmen. Sie hassen die Gängelung durch Vorgesetzte und die zu enge Auslegung ihres Arbeitsgebietes, festgeschriebene Arbeitsabläufe sind ihnen ein Greuel, denn sie lassen ihnen keinen Platz für Eigeninitiative und Kreativität. Das Unabhängigkeits- und Verantwortungsmotiv ist ein typisches Selbständigen- und Führungskräftemotiv. Leitende Mitarbeiter, die dieser Gruppe angehören, fühlen sich als Mit-Unternehmer. Nie wird es ihnen einfallen, Verantwortung für ihr Handeln oder das Handeln ihrer Abteilung abzustreiten.

Sie bringen ein hohes Engagement für das Unternehmen mit, das ihnen einen eigenbestimmten Arbeitsplatz zusichert. Es sind offene, realistische und positive Menschen, die auch ihren Mitarbeitern Individualität zugestehen, genauso wie sie für sich die Beachtung ihrer Individualität voraussetzen. Was sie reizt, Leistung für andere und nicht für sich selbst zu erbringen, ist eine Arbeit, die ihren Mitunternehmeranspruch befriedigt und ihnen eine prämienorientierte Bezahlung bietet, die ihrer Leistung gerecht wird.[70]

Der Mensch, ein Individuum!

Während Maslow und Herzberg individuelle Bedürfnisse auf ihre Motivationskraft hin untersuchen, wobei sie den einzelnen Menschen völlig unbeachtet lassen, hat Correll einen anderen individualistischen Ansatz: Seine Untersuchungsbasis ist nicht das Bedürfnis an sich, sondern der Mensch, der Motive hat. Menschen sind unterschiedlich, und deshalb lassen sie sich auch nicht pauschal motivieren. Dieser Correllsche Ansatz widerspricht den aufgeführten inhaltlichen Motivationstheorien in keiner Weise. Er geht lediglich eine Stufe weiter. Er geht davon aus, daß Menschen unterschiedliche Dispositionen haben. Je nach Persönlichkeit, Lebensabschnitt, Erziehung, Umfeldbedingungen und Ähnlichem zeigen sie eine Ausrichtung ihres Handelns auf ein Grundmotiv. Weitere Motive spielen Nebenrollen. Dieses Grundmotiv hängt also eng mit ihrer Persönlichkeitsstruktur zusammen. Es kann sich im Laufe des Lebens ändern.

Freude an der Arbeit und das Empfinden von Erfolg werden maßgeblich von diesen handlungsprägenden Grundmotiven beeinflußt. Je stärker eine

70 Vg. Correll, Werner, Motivation und Überzeugung ..., a.a.O., S. 43.

Tätigkeit der Erfüllung des jeweiligen Grundmotivs zugeordnet werden kann, desto intensiver werden diese Emotionen ausgelöst. Die Vorzüge des Correllschen Ansatzes liegen in der Rückbesinnnung auf die Individualität und Komplexität des Menschen. Maslow und Herzberg geben keine Antwort auf die Frage, wie die ganze Persönlichkeit des Menschen auch im Betrieb berücksichtigt werden kann. Die folgenden Überlegungen zu Management by Joy fußen auf dem Correllschen Ansatz.

2. Das Glück ... und die Freude an der Arbeit

Glück ist individuell. Es gibt keine allgemein gültige Definition von Glück. Für jeden Menschen ist Glück einzigartig und auf seine Person bezogen.

Für den Psychologen Jens Corssen ist Glück nicht die Folge von Reichtum, Wissen und Macht, sondern das Nebenprodukt eines intensiven Lebens und Erlebens. Intensiv Leben und Erleben als Voraussetzung für Glücksgefühle heißt, daß auch im Betrieb Umfeldbedingungen geschaffen werden müssen, die dieses intensive Leben und Erleben zulassen. Bedingungen, die auf den Menschen als ganzes eingehen, die den Menschen im Betrieb nicht zur Quasi-Maschine machen, von der lediglich eine bestimmte Leistung gefordert wird, Bedingungen, die die Einbringung der gesamten Rationalität und Emotionalität des Menschen zulassen.

Der Mensch will auch am Arbeitsplatz selbstbestimmt leben, er will Freiräume für Eigeninitiative, und er will als Persönlichkeit respektiert werden.

Sicher gibt es auch Mitarbeiter, die sich noch an alten Pflichtwerten orientieren und patriarchalische Führungsstrukturen bevorzugen. Ebenso gibt es die Gruppe derjenigen Mitarbeiter, die nur für die Freizeit leben und für die ein stärker selbstbestimmbares Arbeitsumfeld unerwünscht ist. Sie sind lediglich an einer Verkürzung der Arbeitszeiten interessiert. Und sicher gibt es auch die Gruppe, der eigentlich alles egal ist. Von ihnen Engagement für eine gute Sache zu erreichen, ist Schwerstarbeit. Diese Gruppen, denen mehr Selbstbestimmung am Arbeitsplatz keine zusätzliche Arbeitsfreude beschert, sollten nicht unter den Tisch gekehrt werden. Sie bilden aber nicht die Mehrzahl der Arbeitnehmer.

Laut einer Studie der Gesellschaft für Konsumforschung[71] ist die deutliche Mehrheit von jugendlichen Arbeitnehmern in der Gruppe derjenigen zu finden, die mehr Selbstbestimmung am Arbeitsplatz fordern. Sie wollen Spaß an der Arbeit und folgen dem Motto: «Je mehr Spaß bei der Arbeit, um so mehr Produktivität.»[72]

Kein Unternehmer muß altruistisch handeln, wenn er den Mitarbeitern mehr Eigeninitiative am Arbeitsplatz zugesteht. Spaß an der Arbeit setzt Leistungspotentiale frei, die sich direkt auf die Produktivität des gesamten Unternehmens auswirken.

Sehnsucht nach Glück

«Glück, so entdecken wir, ist vor allem manifest und wirklich, wenn es empfunden wird. Es entzieht sich zu großen Teilen der objektiven Beurteilung und Messung.»[73]

Dieses Subjektive ist es, das eine Wertung des Glücks der Mitarbeiter als betrieblichen Faktor so un-unternehmerisch erscheinen läßt. Glück ist eben nichts Handfestes, das sich verordnen läßt, und doch ist die Sehnsucht nach dem Glücksgefühl eine der treibenden, den Menschen motivierenden Kräfte.

Wer jetzt diesen Gedankengang überzeichnet, indem er eine «Betriebsanordnung zum Glücklichsein» skizziert, hat sicher die Lacher auf seiner Seite. Wie aber läßt sich dieser Aspekt unternehmens- und menschengerecht in das betriebliche Umfeld einbauen? Wie kann ein Betriebsinhaber dem Glücksbedürfnis seiner Mitarbeiter gerecht werden, ohne sein eigenes Betriebsergebnis aus den Augen zu verlieren?

«Glück, so ahnen wir, ist auch an die Disposition der Glücklichen gebunden. Es kommt nicht fertig ins Haus, sondern es wird auf einem bereiteten Boden empfangen.»[74] Die Bodenbereitung, die Ermöglichung von Glücksmomenten und Joy auch im Betriebsablauf, ist also eine wesentliche Voraussetzung zum Glücklichsein auf der Arbeitnehmerseite. Natürlich kann man von einem Unternehmer nicht erwarten, daß er

---

71 Gesellschaft für Konsumforschung, Mensch und Arbeit 2000.

72 Gerken, Gerd, a.a.O.

73 Höhler, Gertrud, Das Glück, a.a.O. 1988, S. 40.

74 Ebenda.

ständig nur uneigennützig das Wohl der Mitarbeiter im Sinne hat. Aber die bewußte Schaffung eines motivierenden Umfeldes mit – dem einzelnen Mitarbeiter entsprechenden – Arbeits- und Kommunikationsbedingungen bedeuten auch eine Erhöhung der Produktivität. So werden auch die Unternehmerinteressen gewahrt und gefördert. Die Vorteile sind also beiderseitig.

Innere Harmonie ist eine Grundbedingung des Glücks. Diese innere Harmonie kann ein Mensch aber nur dann erlangen, wenn die äußeren Umstände dieses Ziel nicht überschatten. Ein Mitarbeiter muß dabei unterstützt werden, auf das Ziel der inneren Harmonie hinzuarbeiten, denn erst wer in sich selbst ruht, der empfindet auch Glück bei der Arbeit, den befriedigt auch seine Tätigkeit.

Zum Glücklichsein – auch im Betrieb – muß zudem ein übergeordnetes sinnstiftendes Ziel gefunden werden, das mit den privaten Zielen des Menschen verknüpft ist. Zu dessen Erreichung muß ein Ordnungsrahmen geschaffen werden, der dem Menschen Halt gibt und ihn vor dem Chaos schützt. Flankierende Maßnahmen müssen auf diesem Rahmen aufbauen und den Weg zum Glück auch im Unternehmen erleichtern.

Das Umfeld und die Bedingungen des Arbeitens schaffen den Boden zum Glücklichsein, den Anstoß gibt die Befriedigung eines der menschlichen Grundbedürfnisse, zum Beispiel das Bedürfnis nach Anerkennung. Wissenschaftler haben herausgefunden, daß Kinder, denen bei der Erziehung die Anerkennung ihrer Leistungen versagt wird, zu psychischen Krüppeln werden und umgekehrt, daß die positive Resonanz auf ihre Lernfortschritte zu besserem Lernerfolg und psychischer Gesundheit beiträgt.

«Wir werden nur über kurze Strecken damit auskommen, mit uns selbst zufrieden und unserer eigenen Anerkennung gewiß zu sein. (.....) Anerkannt zu werden, dies ist eine der Essenzen, die das Glück ausmachen.»[75]

Anerkennung steigert das Selbstwertgefühl und motiviert dazu, die Leistung, für die man anerkannt wurde, zu wiederholen und sogar zu verbessern, um das subjektive Gefühl des Glücks, das hierdurch ausgelöst wurde, immer wieder zu reproduzieren.

Die Anregung zur Leistung erfolgt hier nicht über materielle Dinge, sondern eben über jenen unfaßbaren immateriellen Teil des Miteinanderlebens und Miteinanderarbeitens, der bisher von vielen Vorgesetzten immer noch gerne übersehen oder sogar lächerlich gemacht wird. Aber

75 Ebenda, S. 57.

die Zukunft wird es zeigen: Vorgesetzten, die es nicht schaffen, den Mitarbeitern Anerkennung zu zollen und die Befriedigung ihrer Motive während des Arbeitstages zu ermöglichen, wird über kurz oder lang die Gefolgschaft verwehrt werden.

Vor allem qualifizierte Mitarbeiter haben es nicht mehr nötig, im Schatten sprach- und lobloser Chefs zu verweilen. Lob ist zwar nicht alles, wie bei der Erläuterung der unterschiedlichen Motive gezeigt wurde, aber es ist eben doch für viele – vor allem für ambitionierte Jungmanager – ein starkes (Zusatz-)Motiv.

Die Annoncenseiten der Zeitungen sind wohlgefüllt. Zu excellent sind ihre Chancen, zu Firmen zu wechseln, die ihren Bedürfnissen nach Anerkennung ihrer Leistungen und Partizipation am Erfolg entsprechen. Sie sehen in der heutigen Zeit keinen Sinn darin, «die freudlose Gasse» zu gehen. Arbeit muß Spaß machen und den Boden zum Glücklichsein bereiten. Zu attraktiv sind auch – auch das darf man weder unter den Teppich kehren noch aus den Augen verlieren – die Bedingungen, die das Netz der sozialen Sicherung bereitet.

Das Problem der Fehlzeiten

Fehlzeiten sind zu einem der Hauptprobleme der Personalarbeit in den Betrieben geworden. Als Ursache für Fehlzeiten kommen persönliche, betriebliche und außerbetriebliche Einflüsse in Frage, die sich zum Teil vermischen, gegenseitig bedingen und/oder verstärken. Es ist schwierig, Anteil und Gewicht der einzelnen Ursachen zu bestimmen.[76]

Fehlzeiten ergeben sich aus drei großen Bereichen:

- Krankenstand (Arbeitsunfähigkeit aufgrund Krankheit im medizinisch-biologischen Sinne),
- Sonder-/Zusatz-Urlaub, Weiterbildung, Kur/Heilverfahren, bezahlte (tariflich und gesetzlich geregelte) freie Arbeitszeit (Ausfallzeiten) und

76 Vgl. Salowsky, Heinz, Fehlzeiten, Eine Bilanz nach 20 Jahren Lohnfortzahlungsgesetz, unter Mitarbeit von Josef Zipfel, Köln 1991, S. 80 ff.

– Absentismus (Abwesenheit vom Arbeitsplatz aufgrund besonderer Einstellung und Motivation.)[77]

Vor allem die dritte Kategorie der Fehlzeiten, die Karsten Trebesch dem Bereich Absentismus zuordnet, verdient überdurchschnittliche Beachtung. Sie ist ohne direktes Krankheitsbild.

Absentismus wird von zwei unterschiedlichen Situationen abhängig gemacht, einmal von der Arbeitssituation und ein zweites Mal von der Lebenssituation. Zu dem Absentismus, der abhängig von der Arbeitssituation ist, zählt Trebesch zum Beispiel Arbeitsinhalt, Führungsstil, Konflikte, Konjunktur.

In Abhängigkeit von der Lebenssituation führen zum Beispiel die Persönlichkeitsstruktur, familiäre Verhältnisse, der Arbeitsweg, die Saison, eine Nebentätigkeit und das gesellschaftliche Umfeld zu Abwesenheit vom Arbeitsplatz.[78]

Mißbrauch leichtgemacht

Dieser oft auch als «Drückebergerei» bezeichnete Absentismus wird möglich, weil der Mißbrauch des Lohnfortzahlungsgesetzes in der Bundesrepublik Deutschland so leichtgemacht wird.

Der Spiegel betitelte seinen Artikel über das Fehlzeitenproblem mit der Überschrift: «Wer es nicht tut, gilt als dumm.»[79] Der Mißbrauch wird unter anderem verursacht durch:

– unzureichende Arztinformationen,
– Eigeninteresse mancher Arbeitnehmer,
– Konkurrenzdruck unter Ärzten, freie Arztwahl,
– mangelnde Vertrauenswürdigkeit der Patientenangaben.[80]

---

77 Trebesch, Karsten, Fehlzeiten in Betrieb und Verwaltung, in: Nieder, Peter (Hrsg.), Fehlzeiten – ein Unternehmer- oder Arbeitnehmerproblem?, S. 41, vgl. auch: Salowsky, Heinz, a.a.O., S. 16 ff.

78 Vgl. ebenda.

79 In: Der Spiegel vom 29.04.1991, Nr. 18, 45. Jahrgang, S. 40 ff.

80 Vgl. Salowsky, Heinz, a.a.O., S. 29.

Durch die geschickte Selbstdarstellung ist der potentielle Patient durchaus in der Lage, von fast jedem Arzt eine Krankschreibung zu erhalten. Entsprechende Krankheitsbilder sind durch Mund-zu-Mund-Propaganda, durch ärztliche Ratgeber, aufklärende Presseartikel zur Genüge bekannt, und der Konkurrenzdruck unter den Ärzten tut ein übriges, diesen Mißbrauch zu unterstützen. Wenn der eine Arzt eine Krankschreibung verweigert, so geht der Patient eben zum nächsten. Die Krankenkasse und sein Arbeitgeber werden's schon bezahlen.

So berichtet das Magazin «Der Spiegel», wie einfach es ist, Krankheitssymptome vorzutäuschen. Davon abgesehen, daß ohnehin die Hälfte der «Schein»kranken das gewünschte gelbe Papier ohne jede Untersuchung erhält, gibt es auch noch schriftlich niedergelegte Hilfestellungen für diejenigen, die vom Kollegen noch nicht aufgeklärt worden sind: Für hundert Mark wird in Annoncen zum Beispiel ein «Geheimreport-Simulant» angeboten, der verrät, «wie man Krankheiten vortäuscht, um sich vor Arbeit/Militär zu drücken. Symptome, Testknacker, Ausreden».

Ein Ratgeber für Absentisten, der 1980 erschien – «Wege zu Wissen und Wohlstand, eine Broschüre mit allerlei nützlichen Tips für jeden, der ‹schein›krank werden möchte» –, beschreibt zum Beispiel im Kapitel «Krankheitsbilder leichtgemacht» typische Symptome bei Darmgrippe, Migräne, Blasenentzündung oder weicher Leiste, «also Sachen, die sich nicht so leicht im Rahmen der Schulmedizin entlarven lassen» und die wichtig sind für das erfolgs- und Schein-trächtige Klagelied beim Doktor. Dazu der fürsorgliche Hinweis: «Präge dir die Tricks ein, mit denen du von seiten der Ärzte bei der Untersuchung zu rechnen hast, und spiele das Ganze mehrmals jemandem vor!»

Besonders empfohlen werden dem Absentisten der Tennis-Ellenbogen und eine Sehnenscheidenentzündung, «deren Symptome weder auf dem Röntgenbild noch in einer Blutanalyse zu finden sind»[81], und so weiter und so fort. Dem Simulanten wird es wirklich leicht gemacht. Von seiten der Ärzte oder der Krankenkassen hat der Arbeitgeber auch in den nächsten Jahren noch keine einschneidenden Veränderungen in bezug auf diesen Mißbrauch zu erwarten.

81 Der Spiegel, a.a.O., S. 56.

Absentismus und Arbeitsfreude

Solche Mißbräuche und solches Fehlverhalten sind die Kehrseite der beispielhaften deutschen Sozialgesetzgebung und speziell des Sozialversicherungsrechts. Andererseits ist die Möglichkeit zur unberechtigten Ausnutzung, mit der in der Bundesrepublik für ein hervorragendes Sozialmodell bezahlt werden muß, nur der eine Schuh.

Der zweite Schuh ist in solchen Ursachen zu suchen, die den Menschen die Motivation zur Arbeit rauben. Kann es nicht sein, daß dem «unverantwortlichen und betriebsschädigenden Verhalten einer Zahl von Mitarbeitern ..., die nicht krank sind, sondern kränkeln oder sogar krankfeiern»[82], ein menschenschädigendes Verhalten der Unternehmen vorausgeht, daß sich Menschen einem Betriebsklima entziehen, das sie krankmacht? Überspitzt könnte man sagen: Krankfeiern zur Krankheitsvermeidung!

Zumindest muß es zu denken geben, daß in Unternehmen, bei denen die Menschlichkeit in der Betriebsumfeldgestaltung eine herausragende Rolle spielt, der Krankenstand in der Regel sehr niedrig ist. Der Krankenstand wird zum Gradmesser des Betriebsklimas.

Wer Spaß an der Arbeit hat, für den ist Krankfeiern kein Thema.

Moral Hazard

In bezug auf die Krankenversicherung und die Möglichkeiten der Lohnfortzahlung tritt ein Phänomen auf, das in der Versicherungswissenschaft als «Moral Hazard» bezeichnet wird. Es treten neben «objektiven» oder «normalen» Krankheitswahrscheinlichkeiten einer Population, die sich als Resultat relativ konstanter biologischer Faktoren und sozialer Umfeldkomponenten ergibt, unter Versicherungs- oder analogen Systembedingungen Verhaltensänderungen auf, die oft voreilig als «Betrug an der Solidargemeinschaft», Fehlverhalten, Ausnutzung oder Nachlässigkeit, apostrophiert werden.[83] Gemeint ist mit Moral Hazard also eine Verhaltensänderung von der Art, «daß Menschen viel häufiger Erkältungen

82 Vgl. ebenda, S. 41

83 Vgl. Schaper, Klaus, Zur Kritik des Moral-Hazard-Theorems der Überinanspruchnahme medizinischer Leistungen im GKV-System, unveröffentliches Manuskript, Bonn 1978, S. 2 ff.

haben, die einen Arztbesuch erforderlich machen, als daß der Fall vor der Mitgliedschaft in der Versicherung war.»[84]

Das Prinzip der Marktwirtschaft wird durch die Existenz einer Versicherung außer Kraft gesetzt.

Kosten-Nutzen-Überlegungen seitens des Versicherten müssen nicht angestellt werden. Als Mitglied der sozialen Krankenversicherung hat der Patient keine Möglichkeit und kein Interesse, die Kosten von medizinischer Betreuung und Behandlung in Relation zum erfahrenen Nutzen zu setzen.

Moral Hazard wird auch dadurch gefördert, daß es keine Kriterien zur Abgrenzung von Gesundheit und Krankheit gibt. Die Weltgesundheitsorganisation WHO definierte Gesundheit einmal als einen Zustand völligen geistigen, körperlichen und seelischen Wohlergehens. Danach ist Gesundheit für einen Menschen so gut wie gar nicht zu erreichen. Weil die Grenzziehung aber so schwierig ist, sind auch dem Krankschreibungsverhalten durch den Arzt Tür und Tor zum Mißbrauch geöffnet. Wird ein Arzt wirklich einen Patienten in seinen Betrieb schicken, für dessen heftige Leibschmerzen er keine organischen Ursachen findet? Ist ein Arzt wirklich in der Lage, Simulanten auszusondern?

Die Rationalitätenfalle

Die Simulanten und Krankfeierer schädigen die betroffenen Unternehmen ebenso wie die Solidargemeinschaft der Versicherten. Sie verhalten sich zwar individuell rational, aber kollektiv gesehen irrational, denn sie schädigen die Gruppe, der sie selbst angehören.

Mancur Olson nennt dieses Phänomen des Entgegenstehens von individueller und kollektiver Rationalität eine «Rationalitätenfalle».[85]

Die Rationalitätenfalle existiert überall dort, wo das individuelle Risiko durch Zugehörigkeit zu einer Versicherung abgedeckt wird. Der Mitarbeiter verhält sich also individuell rational, wenn er Krankheit simuliert und

---

84 Grubel, Herbert, Soziale Sicherheit und Weltinflation, Tübingen 1974, aus der Reihe: Kieler Vorträge, gehalten am Institut für Weltwirtschaft, hrsg. von Herbert Giersch, Neue Folge, Heft 78, S. 11.

85 Olson, Mancur, Die Logik des kollektiven Handelns.

auch wenn er tatsächlich krank ist und die Segnungen seiner Versicherung in Anspruch nimmt.

Um das Moral-Hazard-Phänomen auszugleichen und einen Mitarbeiter an seinem Arbeitsplatz zu halten, obwohl es für ihn rationaler wäre, krankzufeiern, muß also ein höherer Anreiz geboten werden. Ein solch höherer Anreiz kann zum Beispiel die Angst vor dem Verlust des Arbeitsplatzes sein. Ein anderer denkbarer und weniger inhumaner Anreiz wäre zum Beispiel ein sehr gutes Gemeinschaftsgefühl und ein freudenspendendes Arbeitsgebiet und -umfeld, aus dem der Arbeitnehmer für die Dauer seines Absentismus herausfällt. Wer krankfeiert, kann nicht mitfeiern.

Auch durch Teamarbeit wird ein sozialer Druck ausgeübt, der gegen die Rationalitätenfalle wirkt. Wenn die eigene Arbeit während der Fehlzeit auf die Schultern der Kollegen gelegt wird, so entsteht dadurch sozialer Druck, dem man sich nicht so leicht aussetzen möchte.

Arbeit macht krank

Bei der Diskussion um die Vermeidung von Fehlzeiten darf aber auch nicht übersehen werden, daß auch Arbeit krankmachen kann. Eine typische «Berufskrankheit» sind Koronarerkrankungen. Überdurchschnittliche Belastungen am Arbeitsplatz, Verantwortung, der man sich nicht gewachsen fühlt, ein überfüllter Tagesplan, dies sind Faktoren, die zu erhöhtem Adrenalin- und Cholesterinspiegel im Blut führen. Adrenalin erhöht den Blutdruck und die Herzfrequenz, und Cholesterin fördert die Arterienverkalkung, beide fördern Herzinfarkt und sonstige Herzinsuffizienz-Erkrankungen, die lange Zeit auch als typische Managerkrankheiten tituliert wurden.

Auch Schichtarbeiter sind eine besonders krankheitsanfällige Gruppe. Sie leiden zum Beispiel achtmal häufiger als andere Arbeiter, die in normaler Tagesarbeitszeit beschäftigt sind, an Magengeschwüren.[86] Sogar das Familienleben von Schichtarbeitern ist relativ stark gefährdet. Es gibt 80 Prozent mehr Scheidungen, eine relativ stärkere Kriminalität unter den Kindern, ein Umstand, der auf Krankheiten verstärkend wirkt, wenn nicht

86 ÖGB-Nachrichtendienst, Wien Nr. 1730, vom 30.05.1974, S. 5.

selbst wieder Krankheiten hervorruft.[87] Krankmachende Arbeitsbedingungen sind Belege dafür, daß Arbeitsumfeld und Arbeitsbedingungen nicht menschengerecht gestaltet sind. Bei der Konzeption von Arbeitsplätzen wurde in diesen Fällen mehr Wert auf die Funktion des Arbeitsplatzes als auf die Persönlichkeit des Funktionsträgers gelegt.

Oft werden Menschen von Unternehmen wie Maschinen eingeplant und eingepaßt, an Ecken und Kanten geschliffen, in einen Arbeitsplatzkarton verpackt, der ihre menschlichen Faktoren gänzlich unbeachtet läßt.

Jeder Maschine und ihrer «Sensibilität» wird mehr Rücksicht auf ihre besonderen Gegebenheiten entgegengebracht als dem Mitarbeiter:

Wird eine neue Maschine in den Arbeitsprozeß integriert, so werden vorher lange Anforderungslisten geschrieben, Analysen gemacht, Funktionsbedingungen sichergestellt. Es wird ein geeigneter Standort gesucht, Stromanschlüsse werden verlegt, Wartung und eventuell Reparaturen organisatorisch vorbereitet und spezifische Funktionsbedingungen vorab geklärt. Nicht so beim Mitarbeiter. Arbeitsplätze sind oft «irgendwie» – während der Expansion des Unternehmens – gewachsen. Sie wurden von «mitwachsenden» Mitarbeitern ausgefüllt, die vielleicht irgendwann ihren Arbeitsplatz – aus welchen Gründen auch immer – verließen. Neue Mitarbeiter werden dann gesucht oder auch an neu geschaffene Stellen gesetzt und müssen funktionieren. Funktion ist ein kühles Wort, das eher die Tätigkeit einer Maschine als eines Menschen zu beschreiben scheint.

---

87 Burghardt, Anton, Die Krankheit als soziologisches Phänomen, in: Aktuelle Probleme der Gesundheitspolitik in der BRD, herausgegeben von Heinz Lampert, Schriften des Vereins für Sozialpolitik, Neue Folge, Band 82, S. 20.

IV. Zurück zu den Ursprüngen

Ratio contra Emotion

Freude ist ein Urgefühl. Dieses entsteht durch einen Anreiz, der nicht die Ratio des Menschen, sondern seine Emotionen anspricht.

Emotionen sind Gemütsbewegungen, die mitbestimmend für Handlungen sind. Emotionen beeinflussen aber nicht nur nachfolgende Handlungen, sie prägen auch Handlungsmuster. Das heißt, es werden bestimmte Handlungen vorgenommen und wiederholt, weil die Erfahrung gemacht worden ist, daß auf diese Handlungen hin ein bestimmtes Gefühl erwartet werden kann. Ein Baby lacht die Mutter an, nicht um der Mutter Freude zu schenken, sondern um selbst immer wieder zärtliche Aufmerksamkeit zu erreichen.

Nicht anders sieht es im betrieblichen Umfeld aus. Handlungen werden nicht nur rein rational, sondern eben auch emotional gesteuert. Diese emotionale Komponente läßt sich besser begreifen, wenn man die Ursprünge des menschlichen Wesens in die Betrachtung einbezieht.

Der Erwerb von Menschenkenntnis hilft zu begreifen, daß bewußtes Denken von unbewußten Komponenten mitbeeinflußt wird. Kühle Ratio löst keine Führungsprobleme.

Weder Rationalismus noch Emotionalismus sind in der Lage, menschliches Verhalten grundlegend zu erklären. Vermutlich wird es keiner wissenschaftlichen Disziplin und keiner Denkrichtung je gelingen, menschliches Verhalten vorauszusagen. Zwar lassen sich mit gewissen Wahrscheinlichkeiten Verhaltensweisen als Reaktion auf bestimmte Umfeldbedingungen prognostizieren, aber hundertprozentige Sicherheit wird es wohl nie geben. Und das ist gut so, denn sonst wäre der Mensch ein Roboter. Das Schlagwort vom «gläsernen Menschen» zeigt, wie tief die Angst sitzt, keine Geheimnisse mehr zu haben.

Es geht also nicht darum, den Menschen durchsichtig zu machen, seine Komplexität zu begreifen und auf die vielen Facetten des Menschen auch im Berufsleben einzugehen.

Bewußt sein und unbewußt handeln

Familiäre Probleme werden mit an den Arbeitsplatz gebracht. Eine böse Schwiegermutter im Haushalt, ein krankes Kind, ein verlorenes Fußballspiel, dies alles können Probleme sein, die die Leistungen maßgeblich beeinträchtigen. Ohne wirklich bewußt ins Blickfeld zu rücken, nehmen diese Konflikte breiten Raum in den Gedanken des Betroffenen ein. Ein klärendes Gespräch kann oft Wunder wirken. Ein verständiger Chef steigert die Motivation und gibt vielleicht sogar Ansätze zur Problemlösung. Der Mitarbeiter fühlt sich mit seinen Problemen nicht allein gelassen und als ganzer Mensch respektiert. Er merkt, daß er für den Vorgesetzten nicht nur ein Leistungserbringer, sondern auch eine vollständige Persönlichkeit ist.

Verkehrsexperten haben längst begriffen, was für Betriebsexperten noch eine unbekannte Größe zu sein scheint. Eine disharmonische Stimmung beeinflußt das Fahrverhalten des Lenkers negativ.

Die Unfallhäufigkeit kann durch Spannungen, Streit und Probleme erhöht werden. Die Rhein-Zeitung ließ sich angesichts dieses Themas sogar zu dem Satz hinreißen: «Wenn eine Autofahrt mit einem Kuß für den Lenker oder die Lenkerin begonnen wird, hilft das der Verkehrssicherheit.»[88] Nun wird kein Unternehmer von seinen Führungskräften verlangen, daß sie ihre Mitarbeiter jeden Morgen küssen, um sie in ein gutes Arbeitsklima zu versetzen. Aber letztendlich geht es ja nicht um den Kuß, sondern um die emotionale Komponente der Arbeitszufriedenheit.

So manche Führungskraft wird denken: «Wie soll ich das denn auch noch alles schaffen!?» Aber so viel mehr an Arbeit, wie es manchem erscheint, bringt das neue Vorgesetztenverhalten, bringt Management by Joy, nicht mit sich. Was es aber mit sich bringt, das sind neue Sichtweisen, die alte einfach ablösen. Mehr Menschlichkeit statt zuviel Sachlichkeit, mehr Partizipation und weniger Konfrontation, mehr Information und Kommunikation und weniger Abschottung, keine Maskerade sondern Demaskierung. Der Manager von morgen muß sich selbst und muß seiner Mitarbeiter mehr bewußt sein und unbewußtes Handeln einer Prüfung unterziehen.

Konflikte, die nicht ausgelebt werden, manifestieren sich, wie gezeigt, häufig in körperlichen Beschwerden. Der Körper reagiert auf Probleme, die durch ihre Mißachtung ins Unterbewußtsein verdrängt wurden.

Konflikte können zum Beispiel in der Lebensmitte auftauchen, wenn Arbeitnehmer durch ihr fortschreitendes Alter ihre Leistungsfähigkeit bedroht sehen. Sie fühlen sich dann nicht mehr konkurrenzfähig genug und haben Angst vor dem Nachrücken jüngerer Kollegen. «Das Beharren

88 Rhein-Zeitung, Nr. 208 vom 7./8. September 1991, S. 45.

auf der bisherigen Weise unseres Denkens und Arbeitens kann in der Lebensmitte eine Krise heraufbeschwören. Ist schnelles, reibungsloses und uneingeschränktes Funktionieren weiterhin der Wert, der unser Selbstbewußtsein stabilisiert, gerät dieses jetzt in Gefahr, weil die geistig-seelischen und die körperlichen Möglichkeiten und Bedürfnisse sich zu verändern beginnen.»[89]

Diese Gefährdungen des seelischen Gleichgewichts resultieren aber nicht alleine aus dem Erkennen, daß die eigene Meßlatte zu hoch gesteckt ist, sie sind auch ein Ergebnis der Überbetonung von geistiger und körperlicher Leistungsfähigkeit im Berufsumfeld.

Viel zu sehr liegt das Hauptaugenmerk bei der Beurteilung der Mitarbeiter immer noch auf ihrer persönlichen Leistungsfähigkeit. Viel zu wenig werden andere Qualitäten in Betracht gezogen. Dies ist den Mitarbeitern bewußt. Sie integrieren diesen Wert in ihr eigenes Wertschema und erleben so – vor allem in der Lebensmitte – eine existenzielle Krise. Die Leistungsfähigkeit, der scheinbar zentrale Bewertungsmaßstab, läßt nach. Sicher bringen sie auch andere Qualitäten in das Unternehmen ein, aber diese finden nicht die Anerkennung, die sie jetzt brauchen, um sich aus der Krise zu retten. So reagieren sie unsicher, sind deprimiert und leiden dann nicht selten unter psychosomatischen Krankheitserscheinungen.

Der vorgezeichnete Weg läßt sich aufhalten, wenn auch die Wichtigkeit anderer Qualitäten als nur der Leistungsfähigkeit im Unternehmen betont wird. Nicht jeder Manager kann jung, smart und dynamisch sein. Auf allen Betriebsebenen wollen die Mitarbeiter zufrieden und positiv leben.

Die Leistung der Mitarbeiter für das Unternehmen ist nicht nur in Mark und Pfennig zu rechnen. Leistung ist auch die Förderung der Mitmenschlichkeit, die Unterstützung der Kommunikation und die Projizierung von Lebensfreude. Auch Mitarbeiter, deren Leistungen sich nicht in einem übergroßen positiven Deckungsbeitrag rechnen läßt, können durch die Einbringung ihrer Persönlichkeit wertvoll für ein Unternehmen sein. Hierfür müssen neue Maßstäbe gefunden und gesetzt werden. Herkömmliche Leistungsbeurteilungen setzen sich selber schachmatt.

---

89 Sies, Claudia, Weniger zum Spaß, als um zu sehen, ob es noch geht, Gefährdungen, Entwicklungen und Verwicklungen in der Lebensmitte – aus der Arbeit einer Psychoanalytikerin, Frankfurter Allgemeine Zeitung vom 15. Juni 1991, Nr. 136.

1. Der Mensch ist ein Herdentier

Ein grundlegendes Bedürfnis des Menschen ist die Zugehörigkeit; daß das Zugehörigkeitsgefühl von immenser Bedeutung ist, zeigt auch ein Blick in die Geschichte: Sobald sich irgendwo ein Staat oder eine neue Organisation konstituierte, entstanden sofort sichtbare Zeichen, um das Zugehörigkeitsgefühl zu dokumentieren.

Ob nun die Tricolore der französischen Revolution oder die lila Halstücher der Frauenbewegung, diese äußeren Zeichen sind ein Hinweis auf den Wunsch nach Mitgliedschaft in einer sozialen Gruppe. Nicht nur, daß der Mensch seinen sozialen Rang erst über die Gruppe definieren kann, er erwartet von der Gruppe auch die Erfüllung emotionaler Ansprüche.

Niemand kann von sich sagen, er sei liebenswert oder klug oder verläßlich, ohne zu einer sozialen Gruppe zu gehören. Erst in einer sozialen Gemeinschaft erkennt der einzelne seinen Wert.

Die soziale Rangordnung

Kurt Schilling sinniert in seiner «Geschichte der sozialen Ideen» über das Herdenverhalten des Menschen: «Wir können uns, wie gesagt, menschliche Gemeinschaft denken als hervorgegangen aus der Tierherde. In der Tierherde, etwa der Affenherde, so gut wie bei einem Hühnervolk, gibt es bereits eine sehr ausgeprägte soziale Rangordnung. Es ist nach der körperlichen und seelischen Stärke, Aktivität, Einsatzbereitschaft genau festgelegt, wer wen beißen und unterdrücken darf, wer zuerst und wer nachher an das Futter kommt, welche Tiere sich streiten und welche sich paaren, vor allem, welches Tier die ganze Herde leitet, also bestimmt, was getan wird, wo Kämpfe ausgetragen oder abgebrochen werden, Nahrung, Schutz gesucht wird und dergleichen.»[90]

Über Einzelgänger stellt Kurt Schilling weiter fest: «Es ist eine Ausnahme, wenn sich einmal ein altes Exemplar von der Herde separiert und Individuum, Einzelgänger wird, wie es ebensogut eine geistige Erscheinung unter Menschen sein kann.»[91]

---

90 Schilling, Kurt, Geschichte der sozialen Ideen, Stuttgart 1957, S. 19.

91 Vgl. ebenda

Der Mensch braucht die Gruppe, die Herde, um sich selbst einzuordnen. Er findet seine eigene Identität über die soziale Gemeinschaft. Seinen Platz, seine Wichtigkeit und seine Persönlichkeit entwickelt der Mensch durch das Miteinander mit anderen Menschen. Sie erst geben eine Basis für die Aufstellung einer sozialen Rangordnung. Im luftleeren Raum kann nichts eingeordnet werden.

Was im Makrokosmos soziale Gemeinschaft geschieht, funktioniert ebenso im Mikrokosmos Unternehmen. Auch hier hängt die Einordnung des einzelnen von der Gesamtstruktur ab. Schätzt man die Leistung eines sozial übergeordneten Mitarbeiters als schlechter als die eigenen Leistungen ein, so fühlt man sich selbst unterbewertet, und Arbeitsfreude wird verhindert. Man wird unzufrieden. Umgekehrt macht es aber auch nicht glücklich, wenn man überbewertet wird. Eher macht es Angst, daß die Überbewertung entdeckt werden könnte.

Traditionelle Hierarchiemuster unterstützen solche Fehl-Rangordnungen. Sie schreiben Über- und Unterordnungen fest, und die Chance, daß Über- und Unterbewertungen aufgedeckt und aufgebrochen werden, ist am Faktor Zufall festgemacht.

Ganz anders sieht es bei partizipativem Führungsstil aus. Er entspricht eher dem Prinzip des freien Spiels der Kräfte. Durch lebendige Kommunikation und Information ist jede Abteilung ständig in Bewegung. Das Miteinander ist lockerer und direkter, eine «taube Nuß» wird schnell entdeckt und ausgemustert. Ein mehr partizipativer Führungsstil bringt auch für den Primus inter pares eine Streßminderung. Von ihm werden nicht in jedem Spezialgebiet Fachkenntnisse erwartet. Er bringt «weiche» Managerqualitäten mit, die ihm eine hohe Akzeptanz innerhalb der Gruppe sichern.

Das Alpha- und das Omega-Huhn

Trotz aller Partizipationsbestrebungen darf aber nicht vergessen werden, daß der Mensch im Innersten immer noch ein Herdentier ist. Das bedeutet neben dem starken Bedürfnis, einer sozialen Gruppe anzugehören, auch, daß sein Unterbewußtsein auf der Suche nach einer Hackordnung ist.

Sein Stammhirn, das älteste der drei Gehirne, der Speicher der Erfahrungen von Jahrmillionen und der Instinkte, läßt ihn in jeder Gruppe das Alpha-Huhn suchen und nach dem Omega-Huhn Ausschau halten.

Werner Correll beschreibt diese Hackordnung anschaulich: «Bereits bei den Tieren, die in Gruppen zusammenleben, insbesondere bei Hühnern, beobachtet man eine Tendenz zur Strukturierung in Alpha- bis Omegatypen, wobei zum Beispiel das Alpha-Huhn dasjenige ist, das als erstes am Abend auf die Schlafstange hüpft und dort seinen angestammten Platz einnimmt, während erst ganz am Schluß Omega auf die Stange hüpfen darf, um dort sein winziges Plätzchen einzunehmen, wenn alle anderen Hühner schon sitzen. Sobald nun eines Tages der Fuchs in den Hühnerstall einbricht und irgendein Huhn reißt, wird am nächsten Tag in der Regel das Omega-Huhn als Sündenbock benutzt und von den anderen Hühnern gehackt, ohne daß es sich zur Wehr setzen dürfte.»[92]

Die Frage ist nun: Sind wir in der Lage, diesen Instinktteil unserer Persönlichkeit zu überwinden, oder werden wir ein Leben lang an der Hackordnung kleben? Werden wir in jeder Gruppe, zu der wir gehören, immer das Alpha-Huhn oder den Leithammel suchen, um uns an ihnen zu orientieren, und werden wir die Schuld immer dem Omega-Huhn oder schwarzen Schaf zuschieben, wenn etwas schiefgeht? Schafft es das Großhirn, unsere jüngste Gehirnregion, die für überlegtes Handeln und planende Voraussicht zuständig ist, unser Urverhalten zu überstimmen? Oder bleiben die Menschen ein Leben lang immer nur Tiere, die sprechen können?

Auf keinen Fall können wir diesen Ursprung des Primaten Mensch unbeachtet lassen. Diese Erkenntnis muß in Unternehmensstrukturen eingebaut werden. Durch Information und Kommunikation wird ein transparentes Klima geschaffen, das die Austragung von Konflikten ermöglicht. Soziale Rangordnung und Unternehmensrangordnung werden dadurch harmonisiert.

Egalisierungstendenzen stoßen an ihre Grenzen, wenn das Stammhirn die Vorherrschaft übernimmt. Aber auch die Beachtung der menschlichen Ursprünge ist eine Voraussetzung für Glücksempfinden.

Da Menschen die Rangordnung für ihre eigene Einordnung brauchen, muß auch das Unternehmensumfeld darauf abgestimmt sein. So läßt zum Beispiel Gruppenarbeit, als motivationssteigerndes Partizipationsmodell, durchaus auch Rangordnungen zu. Auch Management by Joy heißt ja nicht, daß den Mitarbeitern ein konfliktfreies Umfeld bereitet werden

---

92 Correll, Werner, Motivation und Überzeugung in Führung und Verkauf, 6. Auflage, Landsberg/Lech, 1991, S. 29.

muß. Es muß nur darauf geachtet werden, daß diese Konflikte in einer offenen Atmosphäre konstruktiv ausgetragen werden können. Konflikte, die kein Forum finden, die unterdrückt und unausgesprochen unterschwellig die Atmosphäre anheizen, führen zu Frustrationen und Emigration.

Egoismus als genetisches Programm

Die Biosoziologen frönen einer neuen Erkenntnis. Sie wollen herausgefunden haben, daß für jedes Lebewesen nicht die Fortpflanzung, also auch die Arterhaltung vorrangig ist, sondern daß der Fortbestand nur deswegen gesichert ist, weil alle Lebewesen ihr eigenes genetisches Programm durchsetzen wollen. Die Biosoziologen sehen deswegen alle Lebewesen als grundsätzlich egoistisch an.

Das Leben in Gemeinschaft ist für sie nur Mittel zum Zweck und nicht Selbstzweck. So bleibt auch der Mensch in der Gruppe ein Egoist. Zwar nimmt er die Gruppenregeln an, jedoch nur, weil sonst die überlebenssichernde Gruppe auseinanderfiele.

Ein eigenes genetisches Programm durchzusetzen heißt, ungeachtet der Bedürfnisse anderer immer nur dem eigenen Egoismus zu folgen. Auf das Unternehmensumfeld angewandt würde diese neue Erkenntnis bedeuten, daß nur solche Unternehmensstrukturen langfristig bestehen können, die diesen Egoismus berücksichtigen. Es hieße auch, daß auch bei demokratischen Führungsmodellen der Vorgesetzte stets Einzelkämpfer bliebe.

Gemeinschaften werden dann nur deshalb akzeptiert, weil der einzelne allein nicht existieren kann. Er braucht die Gemeinschaft nicht nur, um seinen eigenen Platz in der Rangordnung zu bestimmen, sondern auch, um seine Grundbedürfnisse zu erfüllen.

2. Baugesetze der Gesellschaft

Oswald von Nell-Breuning, der sich sein Leben lang mit Grundsatzfragen von Gesellschafts- und Wirtschaftswissenschaften beschäftigt hat, beschreibt in seinen «Baugesetzen der Gesellschaft» das Solidaritätsprinzip und das Subsidiaritätsprinzip als die beiden wichtigsten Strukturprinzipien der menschlichen Gesellschaft.[93] Diese Baugesetze beschreiben die gegenseitige Verantwortung (Solidaritätsprinzip) und, wer im jeweiligen Fall Träger der Verantwortung ist (Subsidiaritätsprinzip).

Die menschliche Gesellschaft ist wie ein Gebäude zu verstehen, bei dem es darauf ankommt, daß die Belastung richtig verteilt, das Gebäude richtig abgestützt wird. In der menschlichen Gesellschaft heißt die Belastung: Verantwortung füreinander tragen. Anders als bei den architektonischen Baugesetzen, ist der Bau der Gesellschaft nicht statisch, sondern dynamisch. Die menschliche Gemeinschaft ist ständigen Wandlungen ausgesetzt, denen die Baugesetze entsprechen müssen.

Allein mit dem Menschsein begründet sich schon eine starke Verstrickung des einzelnen mit der Gemeinschaft. Der Mensch kann nicht ohne Gemeinschaft existieren. Diese unlösbare Bindung, das Verhaftet- und Verstricktsein in die Gemeinschaft und ihre Geschicke, resultieren aus der Natur der Menschen.[94] Darum ist auch das Solidaritätsprinzip, in dem die Verantwortung der Menschen füreinander zum Ausdruck kommt, nicht bloß ein Strukturprinzip, sondern ein echtes Seinsprinzip der Gemeinschaft. «Es gibt keine Gemeinschaft und es kann keine geben, in der das Solidaritätsprinzip nicht gilt.»[95]

Solidarität und Ethik

Das Solidaritätsprinzip ist zugleich auch ein ethisches Prinzip. Vor Selbstsucht und Eigennutz steht das Gemeinwohl. Dies gilt nicht nur für den einzelnen Menschen, sondern auch für ganze Zusammenschlüsse und für

---

93 Nell-Breuning, Oswald von, Baugesetze der Gesellschaft, gegenseitige Verantwortung – hilfreicher Beistand, Freiburg im Breisgau 1968.

94 Vgl. ebenda, S. 25.

95 Vgl. ebenda, S. 26.

Wirtschaftsunternehmen. Zum einen ist das Solidaritätsprinzip ein Doppelprinzip, das sowohl vom einzelnen zur Gemeinschaft als auch von der Gemeinschaft zum einzelnen wirksam wird. Das heißt, nicht nur der einzelne hat eine Verantwortung für das Gemeinwohl, sondern auch die Gemeinschaft hat eine Verantwortung für den einzelnen.

Zum anderen können Gemeinschaften wieder Teile größerer Gruppen sein, in die sie eingebettet sind. So bilden Unternehmen für sich eine Einheit, diese ist aber wieder ein Teil eines größeren Raumes der Wirtschaft, dieser wiederum Teil der Gesellschaft in einem Land, und diese ist ein Teil der Weltgesellschaft.

Wirtschaftsunternehmen üben Wirkungen auf den gesamten Raum der Wirtschaft und der Gesellschaft aus. Sie müssen auch bereit sein, die Verantwortung, die ihnen daraus erwächst, zu übernehmen. So müssen sie nicht nur Sorge um ihre Arbeitnehmer tragen, sondern auch um die Mitglieder der Gesellschaft, in die das Unternehmen eingebettet ist. Unternehmen sind Mitgestalter der Gesellschaft und müssen sich der ethischen Verantwortung, die ihnen daraus erwächst, bewußt sein und ihr gerecht werden.

Die Macht und der große Einfluß von Gewerkschaften sind ein Beleg dafür, daß Arbeitnehmer bei Arbeitgebern keine Solidarität finden. Zu sehr hindern Interessenkonflikte an einer solidarischen Arbeitsgemeinschaft. Aus diesem Grunde schließen sich Arbeitnehmer zu Solidarverbänden, den Gewerkschaften, zusammen. Diese haben ihre Ursprünge in dem Gefühl der Verantwortung füreinander und in der Annahme, daß ihre Interessen von anderen Gemeinschaften nicht vertreten werden.

Im Unternehmen stehen sich als Gegenspieler Eigentum und Arbeit gegenüber. Je schärfer diese beiden Pole voneinander abgegrenzt sind, desto stärker sind die Interessengemeinschaften. Je mehr diese harte Grenze zum Beispiel durch Beteiligungen und Anteilserwerb aufgeweicht wird, desto moderater werden die Interessenvertretungen miteinander umgehen.

Für Nell-Breuning ergeben sich aus dem Solidaritätsprinzip folgende Forderungen an die Wirtschaft im allgemeinen:

1. daß sich die einzelnen in den Prozeß des Wirtschaftens im Bewußtsein ihrer Verantwortung für die Bedarfsdeckung dienend einordnen und

2. daß eine vom Ganzen her zu schaffende rechtliche Ordnung
   a) das Wohlverhalten einzelner und Gruppen von Menschen sicherstellt

und b) sich des Wohlergehens dieser Menschen und Menschengruppen verantwortungsbewußt annimmt.

Dabei sollen alle zu ihrem Recht kommen in dem Sinne, daß sie zum einen einen gerechten Anteil am Ertrag der Wirtschaft erhalten und zum anderen im Vollzug der Wirtschaft nicht nur ihre Menschenwürde bewahren, sondern darüber hinaus Gelegenheit zur Entfaltung ihrer Persönlichkeit finden.[96]

Die Entfaltung der Persönlichkeit und die Berücksichtigung der Menschenwürde sind also ethische Forderungen, die sich direkt aus dem Solidaritätsprinzip, einem der Grundpfeiler des menschlichen Zusammenlebens, herleiten lassen. Dies besagt auch, daß all die Rufe nach mehr Menschlichkeit im Betrieb, ganzheitlichem Management und Persönlichkeitsentfaltung während des Arbeitstages nicht nur gerade modisch einem Trend folgen, sondern zu den Grundfesten menschlichen Zusammenlebens gehören. Eine Rückbesinnung auf diese Werte unterstützt die Stabilisierung der Gesellschaft. Angesägte Pfeiler des Gebäudes «menschliche Gemeinschaft» werden wieder gekittet.

Subsidiarität und Verantwortung

Das zweite grundlegende Baugesetz der Gesellschaft ist das Subsidiaritätsprinzip, dessen Namen sich vom lateinischen subsidium = Hilfeleistung ableitet. Das Subsidiaritätsprinzip sagt aus, daß die Gemeinschaft dazu da ist, ihren Mitgliedern hilfreich zu sein, ihnen Vorteile zu bieten oder Nutzen zu bringen. Was diesen nachteilig oder schädlich ist, das hat sie zu lassen.[97] Daher nennt Nell-Breuning das Subsidiaritätsprinzip auch «hilfreicher Beistand».

Aber nicht alles soll von der Gemeinschaft übernommen werden. Die Gemeinschaft darf dem einzelnen nur solche Tätigkeiten abnehmen, die dieser, auf sich allein gestellt, aus eigenen Kräften nicht verrichten kann. Für das Subsidiaritätsprinzip ist die kleinste Einheit maßgebend. Was sie nicht leisten kann, wird auf die nächstgrößere Gemeinschaft umgelegt,

---

96 Vgl. ebenda, S. 73 ff.

97 Vgl. ebenda, S. 79.

was diese nicht leisten kann, auf die nächsthöhere und so weiter und so fort. Vorrangig bedeutet das, daß erstmal der einzelne sich selbst helfen muß; wenn er das nicht schafft, daß die Familie für ihn verantwortlich ist, für die wiederum die Gemeinschaft hilfreich einspringen muß, wenn Leistungen nicht erbracht werden können.

Nell-Breuning zitiert zum Verständnis des Subsidiaritätsprinzips im politischen Bereich den ehemaligen Präsidenten der Vereinigten Staaten von Amerika, Abraham Lincoln, der festlegte: «Die Regierung hat für die Bevölkerung das zu besorgen, wonach die Menschen ein Bedürfnis haben, was sie aber selbst überhaupt nicht tun können oder doch, auf sich selbst gestellt, nicht ebensogut selber tun können. In all das, was die Menschen ebensogut selber tun können, hat die Regierung sich nicht einzumischen.»[98]

Prüfen wir also, welche Bedeutung das Subsidiaritätsprinzip für das Miteinander im Betrieb hat. Solidaritätsprinzip und Subsidiaritätsprinzip bilden eine Einheit. Beide sind Seins-Prinzipien, das heißt sie wurzeln unmittelbar in dem, was der Mensch wesenhaft ist.[99] Man könnte auch sagen, die beiden Prinzipien regeln die Zuständigkeitsverteilung und die Verantwortungsverteilung, beide gehören zum Gemeinschaftsleben, egal ob in der Gesamtgesellschaft oder nur im Unternehmen.

Auch das Subsidiaritätsprinzip ist ein ethisches Prinzip. Das Anliegen, das ihm in bezug auf Unternehmen zugrunde liegt, ist, «daß der Mensch (das heißt möglichst jeder Mensch, nicht nur einige Groß-Manager!) einen Bereich habe, in dem er selbständig und eigenverantwortlich schalten und walten kann, wo er den Erfolg seiner Anstrengung und Tüchtigkeit, ebenso aber auch den Mißerfolg seiner Unzulänglichkeit und seines Versagens, am eigenen Leib verspürt und so immer wieder zum Regen der eigenen Kräfte angespornt wird.»[100]

Wegen dieses Anliegens des Subsidiaritätsprinzips verurteilt Nell-Breuning auch die Konzentration im Wirtschaftsleben, die sich auch im inneren Aufbau und in der Leitung von Unternehmen abspielt. Sie führt dazu, daß immer mehr Entscheidungen zur Konzernspitze hin verlagert werden, wenn diese nicht sogar an außenstehende Wirtschaftsverbände oder Großorganisationen abgegeben werden. Sie entziehen damit dem

---

98 Vgl. ebenda, S. 88.

99 Vgl. ebenda, S. 114.

100 Vgl. ebenda, S. 123.

Betrieb und dem einzelnen Mitarbeiter Entscheidungsfreiheit und Eigenverantwortung. Darin sieht Nell-Breuning einen krassen Verstoß gegen das Subsidiaritätsprinzip.

Aus dem Subsidiaritätsprinzip resultiert also die Forderung zu prüfen, ob Zuständigkeiten, Entscheidungsfreiräume und Kompetenzen wirklich immer weiter nach oben abzugeben sind. Menschlicher ist es, Verantwortung so weit wie möglich bei einzelnen Menschen und kleinen Gruppen zu belassen. Diese Forderung ergibt sich direkt aus dem menschlichen Wesen und ist ein Teil des Sinns des menschlichen Daseins.

Ohne Solidarität und Subsidiarität bewegt sich der Mensch im Ethik- und rechtsfreien Raum. Beide Baugesetze legen den Grund für das menschliche Zusammenleben. Unternehmen, die heute in der Gesellschaft breiten Raum für sich beanspruchen und prägend auf das menschliche Miteinander wirken, sollten sich auf diese Prinzipien rückbesinnen.

Management by Joy berücksichtigt sowohl das Solidaritäts- als auch das Subsidiaritätsprinzip. Die Entfaltung der Persönlichkeit und die Berücksichtigung der Menschenwürde, zwei Forderungen, die sich aus der ethischen Komponente des Solidaritätsprinzips herleiten lassen, sind auch Grundpfeiler von Management by Joy. Die Berücksichtigung der menschlichen Grundmotive, die Förderung der individuellen Persönlichkeit und die Schaffung eines Bodens, auf dem Arbeitsfreude und Erfolgserlebnisse gedeihen können, sind wesentlich für dieses Führungsmodell.

Management by Joy erfordert auch eine Übergabe von Verantwortungsbereichen an tieferliegende Hierarchiestufen. Diese Forderung leitet sich direkt aus dem Subsidiaritätsprinzip ab. Erst die Schaffung von Arbeitsbereichen, in denen der Mitarbeiter selbständig und eigenverantwortlich schalten und walten kann, macht das Erfolgserlebnis für ihn möglich. Er kann sich hier nicht nur die Arbeit, sondern auch den Erfolg aus seiner Arbeit auf die eigene Fahne schreiben.

3. Der Mensch ist eine Einheit

Den Menschen nicht nur mit seiner Arbeitsleistung, sondern als ganze Persönlichkeit zu akzeptieren, das heißt auch zu akzeptieren, daß Emotionen, die gezeigt werden, nicht immer nur friedvoller Natur sind.

Aggressivität ist Bestandteil aller sozialen Beziehungen. Je weniger Gruppengefühl vorhanden ist, desto zerstörerischer wirkt die Aggressivität. Je höher die soziale Bindung der Gemeinschaftsmitglieder untereinander ist, desto eher werden Konflikte, die durch aggressives Verhalten einzelner zustandekommen, durch Verhandlungen gelöst.

Je weniger Zusammengehörigkeitsgefühl jedoch vorhanden ist, desto eher mündet aggressives Verhalten in offene Konfrontation.

Aus der Tierwelt ist ähnliches Verhalten bekannt. Schimpansen, die ebenso wie die Menschen zu den Primaten gezählt werden, können höchst aggressives Verhalten zeigen. Frans de Waal fand heraus, daß freilebende Schimpansenmännchen gelegentlich Mitglieder einer fremden Gruppe mit brutaler Gewalt überfallen und ihre Opfer dabei tödlich verletzen. Schimpansen, die in stabilen sozialen Beziehungen leben, sind aber ausgesprochen versöhnungsbereit. Hier spielt mit eine Rolle, daß Machtkämpfe aufgrund wechselnder Rangordnungen auch wechselnde Koalitionen erforderlich machen. Deshalb setzen Schimpansen eine Vielzahl freundschaftlicher Gesten zur Versöhnung nach Streitigkeiten ein.[101]

Frans de Waal möchte zwar nicht Schimpansen und Menschen auf eine Ebene stellen, da aber einige seiner Beobachtungen zum Schimpansenverhalten durchaus auch in Vergleich mit menschlichem Verhalten zu setzen sind, zieht er einen anregenden Schluß: «Wir müssen unsere Kinder neue Ziele lehren, andere Fertigkeiten und globale Verantwortlichkeit. Sie sollten lernen, daß Gewinnen und Siegen nur eine Form der Konfliktlösung ist; Kompromiß ist ein anderer, nicht weniger ehrenvoller Weg. Ich glaube, daß solche Dinge gelehrt werden können, ja, daß die menschliche Spezies alle Mechanismen für eine Umwandlung von Konfrontation in Verhandlung bereithält.» Wer den Menschen als Einheit versteht, der wird daraus den Schluß ziehen, daß diese Erkenntnis handlungsleitend sein muß. Der Mensch muß auf allen Ebenen angesprochen werden, sonst entstehen Disharmonie zwischen den einzelnen Bereichen.

---

101 Vgl. hierzu Waal, Frans de, Wilde Diplomaten, Versöhnung und Entspannungspolitik bei Affen und Menschen, München 1991.

Die Dreidimensionalität des Menschen

Der Mensch besteht aus Körper und Geist. Der Geist ist auch das, was den Menschen vom Tier unterscheidet. Nach Verlassen des Tier-Mensch-Übergangsfeldes vor etwa 3 Millionen Jahren trat der Faktor Geist in das Ursachengefüge der menschlichen Evolution ein, demgegenüber blieb beim Tier durch Beibehalten des dominierenden Instinkts die Handlungsfähigkeit weiterhin begrenzt.[102] Statt einem biologischen, zweckgerichteten Verhaltensprogramm zu folgen, kann der Mensch also seine Umwelt dank seines Geistes bewußt gestalten.

Der Geist läßt sich wieder aufteilen in einen rationalen und einen emotionalen Teil, so daß man von einer Dreidimensionalität des Menschen sprechen kann. Körper, Ratio und Emotionalität – oder auch Körper, Geist und Seele – wollen berücksichtigt sein und miteinander in Harmonie stehen.

Ganzheitliches Denken bedeutet, allen drei Ebenen genüge zu tun. Hierin liegt auch gleichzeitig ein unternehmerisches Erfolgsrezept. Um einem Mitarbeiter Freude und Erfolg an der Arbeit zu vermitteln, genügt es nicht, nur eine Dimension anzusprechen. Geist, Seele und Körper wollen in Harmonie zueinander stehen.

Aus einem negativen Gefühl kommt ebensowenig Leistung wie aus einem überanstrengten Körper. Wer aufgrund einer angespannten Körperhaltung abends mit Kopf- oder Rückenschmerzen nach Hause geht, bei dem stellt sich das Gefühl für Erfolg nicht so leicht ein wie bei jemandem, auf dessen Physis auch bei der Arbeitsplatzgestaltung eingegangen wird.

Auch das ständige Streicheln der Seele durch den Vorgesetzten bringt nicht das gewünschte Ergebnis, wenn die rationale Seite des Mitarbeiters für diese Belobigungsrituale keine Grundlage sieht. Der Schuß geht nach hinten los, der Mitarbeiter fühlt sich auf den Arm genommen.

Den Menschen als Ganzes zu sehen bedeutet also, auf sein körperliches, geistiges und seelisches Wohlbefinden gleichermaßen zu achten. Anreize dürfen nicht eindimensional gestaltet sein. Diese Erkenntnis entzieht auch der weitverbreiteten Ansicht, Motivation entstehe aus Belobigungsritualen, den Boden. Belobigungen wirken nämlich – wie weiter oben bereits erwähnt – nur dann motivierend, wenn dieser emotionalen Tat eine ratio-

---

102 Vgl. hierzu Meyers Großes Handlexikon, herausgegeben und überarbeitet von Meyers Lexikonredaktion, 15. vollständig überarbeitete und ergänzte Auflage, Mannheim/Wien/Zürich 1989, S. 546.

nale vorausgegangen ist, nämlich die tatsächliche Zuweisung von eigenen Verantwortungsbereichen und Kooperationschancen. Erst wenn das Erfolgserlebnis sich tatsächlich im Verantwortungsbereich des Mitarbeiters abgespielt hat, vermag er auch die Belobigung seines Vorgesetzten anzunehmen, weil sie nämlich wirklich trifft. Die Freude am Erfolg kann sich nur dann einstellen, wenn man wirklich auch für den Erfolg verantwortlich ist.

Josef Schmidt, Geschäftsführer und Inhaber eines Lehrinstituts für persönliche Planung und strategische Unternehmensführung, resümiert seine Arbeit wie folgt: «Meine Erfahrungen als Dozent für persönliche Planung und strategische Unternehmensführung haben mich gelehrt, daß zu wenig geführt und zuviel gemanagt wird. Das heißt, es entstehen oft Konzepte und Strategien, ohne daß die Menschen schon bei der Planung voll einbezogen werden.»[103]

Die Nichteinbeziehung der Menschen, die oft schon bei der Planung beginnt, löst eine Lawine von Reaktionen im weiteren Ablauf aus. Zum einen werden die Argumente der direkt von einer Entscheidung Betroffenen von vornherein mißachtet. Dies kann dazu führen, daß sich Fehler einschleichen, die man durch Einbeziehung der betroffenen Mitarbeiter in den Planungsprozeß hätte vermeiden können.

Zum anderen demonstriert man den Mitarbeitern mit dieser Vorgehensweise, daß man sie nicht für voll nimmt. Arbeiten sollen sie, aber erkennen und wissen, warum ein Arbeitsprozeß so und nicht anders gestaltet wird, sollen sie anscheinend nicht. Ein nicht in die Planung einbezogener Mitarbeiter fühlt sich nicht nur übergangen, sondern auch in seinen Leistungen unterschätzt. Eine solche offene Demonstration von Persönlichkeitsmißachtung straft er durch «Dienst nach Vorschrift» oder sogar «innere» und später auch vollzogene Kündigung.

Wenn manche Führungskräfte sich mehr in ihre Mitarbeiter hineindenken würden, kämen solche Fehlentscheidungen nicht zustande. Das Übergehen von Mitarbeitermeinung schon in der Planungsphase ist ein grober Führungsfehler, der die Arbeitnehmer unnötig demotiviert. Sie werden der Freude an ihrer Arbeit beraubt.

Da sie nicht in die Planung mit einbezogen werden, wissen sie nicht, warum sie eine bestimmte Arbeit ausführen sollen. Ihnen wird der Sinn

---

103 Vgl. Schmidt, Josef, Erfolgspotential Mitarbeiter, Personal besser auswählen, Mitarbeiterfähigkeiten wecken und fördern, 2. erweiterte Auflage, Planegg/München 1991, S. 18.

ihrer Arbeit geraubt und das leistungsmotivierende Erfolgserlebnis, Planung und Ablauf zur Deckung zu bringen, vorenthalten. Dieser Schnitzer läßt sich nur schwer wieder ausbügeln – wenn überhaupt.

Neue Ethik und Ziele

Seit neuestem ist es schick, sich mit Ethik im Unternehmen auseinanderzusetzen. Ethik, das ist laut Meyers Großem Handlexikon «die Lehre von den Normen menschlichen Handelns sowie deren Rechtfertigung und praktische Anwendung. Das Fragwürdigwerden der gängigen Normen, Sitten und Gebräuche löst die Suche nach Rechtfertigung der alten oder die Begründung neuer sittlicher Normen aus.»[104] Ist die Ethik im Wirtschaftsleben verlorengegangen, daß man sich nun mit ihr wieder neu beschäftigen muß? Oder gab es für das Wirtschaftsleben noch nie eine ethische Meßlatte?

Hintergrund dieser neuen Ethikdiskussion scheint neben der Auflösung traditioneller Werte die Erkenntnis vieler Unternehmensleiter zu sein, daß weder sie noch ihre Arbeitnehmer in einem wertfreien Raum arbeiten und leben können. Arbeitszeit ist Lebenszeit.

Die Beschäftigung mit Normen mag auch daher rühren, daß mancher Arbeitgeber nach seinen Maßstäben in betriebswirtschaftlicher Hinsicht «alles» erreicht hat. Da ihn wirtschaftlich keine Reize mehr locken, sucht er Bestätigung in höheren Sphären. So verschafft er sich das Gefühl, nicht nur an materiellen Dingen interessiert zu sein.

Aber nicht nur diese Eigenbestätigung mag der Grund sein, ein ethisch orientierter Unternehmer erntet so natürlich von seinem Umfeld eine erheblich positivere Resonanz auf sein unternehmerisches Tun, als wenn er «bloß» den wirtschaftlichen Erfolg im Auge hätte.

Diesen vergißt der clevere Geschäftsmann natürlich nicht, denn die Berücksichtigung ethischer Maßstäbe im Unternehmen wirkt auch auf die Mitarbeiter motivierend. Sie können sich hier ernstgenommen und als Mensch verstanden fühlen. Sie sind in ihrer Ganzheit und Komplexität erwünscht.

---

104 Meyers Großes Handlexikon, herausgegeben und bearbeitet von Meyers Lexikonredaktion, 15. vollständig überarbeitet und ergänzte Auflage, Mannheim/Wien/Zürich, 1989, S. 247.

Diese Menschenbeachtung zahlt sich letztendlich in barer Münze aus, denn mit den ethischen Zielen des Unternehmers kann sich auch der Arbeitnehmer identifizieren. Durch die Übereinstimmung von Arbeitgeber- und Arbeitnehmerzielen wird erreicht, daß, wenn auch die weiteren Bedingungen stimmen, die Mitarbeiter als Quasi-Unternehmer fungieren und dem Betrieb ihre volle Leistung zur Verfügung stellen.

Aber nicht nur Unternehmer, die nach einem langen Wirtschaftsleben qualitativ höhere Ziele ansteuern, beschäftigen sich zunehmend mit Ethik im Unternehmen, sondern auch solche, die erkannt haben, daß die Leistungen ihrer Mitarbeiter nicht zufriedenstellend sind und so der Unternehmenserfolg nicht gesichert werden kann. Sie erkennen, daß sie sich zu mehr Freude am Unternehmenserfolg und dem Mitarbeiter zu mehr Arbeitsfreude verhelfen, wenn das betriebliche Umfeld nach ethischen Maßstäben gestaltet wird. Arbeitsfreude wiederum ist eine Grundbedingung für Leistungsbereitschaft und eine zufriedenstellende Leistungserbringung.

Ethik und Generationenwechsel

Auch die jüngere Managergeneration bringt eine neue ethisch orientierte Berufsauffassung in das Unternehmen ein. Die alten Werte, die kalt und leistungsorientiert waren, werden von neuen warmen und menschenorientierten Werten abgelöst. Die jüngere Generation setzt andere Maßstäbe. Sie hat sich noch nicht einmal mehr bewußt wie etwa ihre Vorgängergeneration von dem «Muff von tausend Jahren» befreien müssen. Sie war schon immer befreit und konnte auf die Entfaltung ihrer eigenen Persönlichkeit achten. Genausosehr wie die heutige Generation Wert darauf legt, an ihrem Arbeitsplatz eigenverantwortlich und unternehmerisch zu denken und zu handeln, genausowenig erwartet sie von den Mitarbeitern Unterjochung und Anpassung ohne Hinterfragen.

Egal, aus welcher Richtung die neue ethische Orientierung rührt, wichtig ist die Wirkung auf die Mitarbeiter. Ist Ethik im Betrieb nur auf Außenwirkung angelegt, also lediglich eine neue Strategie zur Aufbesserung des Unternehmenserfolgs, so werden die Mitarbeiter dieser Strategie entgegenwirken, wo immer es sich ihnen anbietet. Die verfolgten Ziele werden somit konterkariert. Wird mit Ethik aber eine Brücke zum Mitarbeiter gebaut, so fühlt er sich ernstgenommen und beachtet, werden positive Wirkungen wie Steigerung der Arbeitsbereitschaft und Verbesserung des Verantwortungsgefühls zu beobachten sein. Der sich verbessernde Unternehmenserfolg kann von einer guten Führungskraft dann als Mitarbeitererfolg interpretiert und entsprechend an die Mitarbeiter weitergegeben werden. Damit werden dann abermals positive Signale für Betriebsklima und Freude gegeben.

Wir müssen lernen, daß Menschen während ihres Arbeitstages noch andere Bedürfnisse haben als nur solche, die dem Wohl der Firma dienen.

Entspannt eine Tasse Kaffee trinken und die neueste Boulevard-Zeitung lesen, mit der Frau oder dem Mann telefonieren, einfach zur Entspannung mal durch die Gänge flanieren – das sind Tätigkeiten von Mitarbeitern, die heute noch den meisten Vorgesetzten die Haare zu Berge stehen lassen. Trotzdem müssen sie lernen, sie geduldig zu ertragen und sogar zu akzeptieren, wenn sie die Kreativität und Innovationskraft ihrer Mitarbeiter erhöhen wollen.

Diese typischen Entspannungszeiten braucht ein Mitarbeiter, um produktiv und kreativ zu sein. Jeden Tag stundenlang unter höchster Anspannung zu arbeiten oder dies auch nur zu fordern ist unmenschlich. Zudem blockiert es den Geist, der erst in entspannten Phasen seine ganze Kreativität freigibt. Das Abschalten, mal etwas anderes tun oder einfach nur zu dösen, verhindert die Verkrampfung in bestimmten Gedankengängen. Auch eine Maschine wird mal zwischendurch geölt, damit sie sich nicht festfrißt.

Die japanische «Privatzeit»

Die Japaner haben ein hervorragendes Mittel, um im beruflichen Alltag besser miteinander auszukommen. Nach einem konzentrierten Arbeitstag beginnt um 18.00 Uhr ein zweiter Tag, und Gespräche über das Geschäft sind nun tabu.[105]

Diese «Privatzeit», die im Kollegenkreis nach Dienstschluß verbracht wird, dient dazu, sich auf einer anderen, weit persönlicheren Ebene als

---

105 Vgl. Rehfeld, John E., Japan I, Methoden, die sie nicht kennen – ein Topmanager berichtet, in Havard Manager, Theorie und Praxis des Managements, 13. Jg., Heft 3, III. Quartal 1991, S. 88.

ganze Menschen kennenzulernen.[106] Bei diesem Beisammensein wird Vertrauen aufgebaut und die Verständigung erheblich erleichtert.

Diese Wirkungen der «Privatzeit» wirken natürlich auch im beruflichen Alltag fort. Der Mensch wird nicht mehr nur in seiner betrieblichen Funktion gesehen, man hat auch sein privates Umfeld im Hinterkopf. Gemeinsam Erlebtes und übertragene Anekdötchen verbinden auch über die «Privatzeit» hinaus.

Nun wird sich diese spezifische japanische Eigenart, nicht nur die Arbeitszeit, sondern auch noch die Freizeit miteinander zu verbringen, nicht ohne weiteres auf europäische Verhältnisse übertragen lassen. Japan soll auch, was das miteinander Feiern betrifft, kein Maßstab sein, denn neben dem ohnehin hohen Arbeitseinsatz von 2 400 Stunden im Jahr (in Deutschland sind es 1 800 Stunden) raubt diese gemeinsam verbrachte «Privatzeit» den Raum, der für wirkliches Privatleben genutzt werden könnte. So dient auch die Freizeit noch den betrieblichen Interessen.

Bemerkenswert an dieser japanischen Eigenart ist aber, daß der Mensch als Ganzes begriffen wird. Wenn die menschliche Komponente nicht stimmt, kann auch die betriebliche Zusammenarbeit nicht klappen. Gerade bei Gruppenarbeit aber, wie sie in Japan betriebsüblich ist, können persönliche Animositäten das Arbeitsklima erheblich stören. Dann wäre die Kommunikation und mit ihr auch die Motivation negativ betroffen.

Abschied vom quantitativen Management

Quantitatives Management steht der Berücksichtigung der gesamten Persönlichkeit eines Mitarbeiters im Wege.

Persönlichkeit läßt sich nicht rechnen. Managen bedeutet aber auch im eigentlichen Sinne nicht Leistung zu quantifizieren, sondern Menschen zu führen. Auf diesen ursprünglichen Weg zurückgebracht könnte Führung, die den ganzen Menschen berücksichtigt, auch rechenbare Ergebnisse als Resultat haben.

Erst die Berücksichtigung des Menschen als Ganzes setzt kreative Potentiale frei. Gleichzeitig gibt dies den Menschen die Möglichkeit, weitere zusätzliche und auch für das Unternehmen gewinnbringende

106 Vgl. ebenda.

Fähigkeiten an sich zu entdecken. Management by Joy bedeutet, den Menschen als Ganzes zu sehen. Zu respektieren, daß er Körper, Geist und Seele mit in den Betrieb bringt. Nur seine funktionalen, für den Betrieb bedeutenden Eigenschaften abzufordern heißt, seine Ganzheit zu verleugnen. Arbeitsfreude wird dadurch behindert und Verantwortungsübernahme, die unter anderem wichtig für das Erleben und den Erfolg ist, abgelehnt. Wer den Menschen nicht als Ganzes sieht, kann zudem seine ihn leitenden Grundmotive nicht erkennen. Erst die Beschäftigung mit der ganzen Persönlichkeit, zu der eben Körper, Geist und Seele gehören, gibt Aufschluß über die Motive und bietet so eine Basis für Motivierungsstrategien.

V. Wo ist ein Weg?

In den vorherigen Kapiteln wurde dargelegt, welchen Blockaden Mitarbeiter in den Unternehmen ausgesetzt sein können. Diese Blockaden verhindern die Entstehung von Arbeitsfreude und das Empfinden von Erfolg, der aus der Erfüllung unserer Bedürfnisse resultiert.

Erst Erfolgserlebnisse und Freude an der Arbeit stellen Motive zur Erbringung von Leistung dar. Nur wer seinen Mitarbeitern positiv aufgeladene Emotionen verschafft, motiviert sie zu guten Leistungen im Betrieb.

Um die durch die diversen Blockaden verlorengegangene Freude an der Arbeit wiederzuerlangen, müssen wir zu den Ursprüngen des Menschen zurückkehren.

Wir müssen erkennen, daß unser Handeln nicht nur von unserem Bewußtsein, sondern auch von unserem Unterbewußtsein geprägt wird. Auch müssen wir sehen, daß der Mensch alleine nicht existieren kann, er ist ein Herdentier und sucht innerhalb der Gemeinschaft seinen Platz. Eine Gesellschaft, die eine Gemeinschaft von Menschen ist, unterliegt aber eigenen Gesetzen. Subsidiarität und Solidarität sind Grundpfeiler unserer Gesellschaftsordnung. Sie müssen auch in die Unternehmen Eingang finden. Unternehmen sind keine autarken Gebilde, die selbstherrlich und ohne gesellschaftlichen Bezug agieren dürfen.

Der Mensch ist eine Ganzheit aus Körper, Geist und Seele. Diese Tatsache wird in vielen Unternehmen immer noch negiert. Es werden von den Mitarbeitern nur einzelne Qualitäten abgefordert, während man auf andere zum Menschen gehörende Eigenschaften keinen Wert legt.

Menschen, die sich nicht als Ganzheit akzeptiert fühlen, bringen sich auch nicht ganz im Unternehmen ein. Wenn ihnen die Anerkennung ihrer Persönlichkeit verweigert wird, dann verweigern sie eben die bestmögliche Leistung. Statt dessen machen sie nur das Nötige und lavieren sich durch ein Arbeitsleben, das weder ihnen noch ihren Arbeitgebern einen wirklichen Erfolg bringt.

Was also ist ein Weg, der sowohl für die Unternehmen als auch für die Mitarbeiter gangbar ist? Wie kann sowohl den Unternehmen als auch den Mitarbeitern der Erfolg beschert werden, nach dem sie sich sehnen?

Die hohe Komplexität des Wirtschaftslebens, aber auch die hohe Komplexität menschlicher Persönlichkeit lassen – wie wir gesehen haben – keine monokausale Argumentation zu. Es gibt genausowenig eine eindeutige Begründung mangelnder Motivation, wie es einen einzigen Weg zur Lösung des Motivationsproblems gibt.

Wie wir gesehen haben, werden Leistungssteigerungen nur durch Erfolgs- und Freudeerlebnisse ausgelöst. Das bedeutet, daß Wege gesucht werden müssen, um Mitarbeitern, die man zu mehr Leistung motivieren möchte, diese Freude- und Erfolgserlebnisse zu ermöglichen.

Heute werden vielfach eindimensional angelegte Wege zur Mitarbeitermotivation in der Öffentlichkeit diskutiert.

Beispiele erfolgreicher Firmen zeigen aber, daß nur die Kombination unterschiedlichster Maßnahmen zum Erfolg für Unternehmen und Mitarbeiter führt.

Management by Joy kann wegen der vorangestellten Einflüsse auf den Menschen, wegen der Blockaden, die es aufzubrechen gilt, der Motive und Einflußfaktoren, die zu berücksichtigen sind und den ursprünglichkeitsbezogenen Aspekten der menschlichen Persönlichkeit nicht eindimensional angelegt sein. Mit Hilfe von Management by Joy soll das Ziel erreicht werden, den Mitarbeitern Arbeitsfreude zu verschaffen und sie am Erfolg partizipieren zu lassen. Eine hierauf ausgerichtete Strategie kann nicht nur in eine einzige Maßnahme münden. Vielmehr müssen mit Hilfe einer Kombination bereits bekannter Managementtechniken und -modelle sowohl rahmenbildende als auch prozeßsteuernde Maßnahmen eingeleitet werden.

Es soll sich dabei zum einen um Maßnahmen handeln, die auf die Schaffung eines Ordnungsrahmens für das Unternehmen angelegt sind, und zum anderen um Strategien, die direkt in den Unternehmensprozeß steuernd eingreifen.

Diese Doppelstrategie, nämlich nicht nur rahmenbildend, sondern auch prozeßsteuernd auf das Unternehmen einzuwirken, ist aus den Gesellschaftswissenschaften bekannt. Mit Hilfe von Ordnungs- und Prozeßpolitik wirkt der Staat gestaltend und steuernd auf die Gesellschaft ein.

Was für das große Ganze funktioniert, muß auch im kleinen seine Berechtigung haben. Der Ordnungsrahmen eines Unternehmens, die Festlegung von Werten, Normen und Aktionsrahmen, kann über die Schaffung beziehungsweise Gestaltung einer tragfähigen Unternehmenskultur geschehen.

Zur «Ordnungspolitik» eines Unternehmens gehört auch die Entscheidung, inwieweit Mitarbeiter an Unternehmen beteiligt werden. Diese Beteiligung kann zum einen eine wirkliche Beteiligung auch in finanzieller Hinsicht sein, sie kann zum anderen aber auch eine rein mentale beziehungsweise ideelle Beteiligung in Form von Mitplanung und Mitentscheidung sein.

Mit gezielter Informations- und Kommunikationspolitik wird der Arbeitsprozeß in Richtung auf ein gemeinsames Ziel gesteuert, das durch Visionen bildlich vorgegeben werden kann. Den Ordnungsrahmen mitarbeitergerecht zu gestalten und den Arbeitsprozeß an der ganzen Persönlichkeit der Mitarbeiter zu orientieren, erfordert von den Entscheidungsträgern in Unternehmen neue Qualitäten.

Diese neuen Qualitäten werden inzwischen oft auch mit «weichen» Managerqualitäten tituliert. Eigentlich ist das Wort «weich» hier fehl am Platz. Gemeint ist nämlich nicht wirklich eine Weichheit, sondern das Zulassen von Emotionalität und das Eingehen auf Emotionen am Arbeitsplatz. Diese mit «weich» bezeichneten Fähigkeiten stehen im krassen Gegensatz zu den alten Pflicht- und Akzeptanzwerten. Mit denen kann man heute keinen Arbeitnehmer mehr an einen Arbeitsplatz locken.

Management by Joy ist eine ordnungs- und prozeßorientierte Unternehmensstrategie zur Schaffung von mehr Freude und Erfolg sowohl des Unternehmens als auch seiner Mitarbeiter. Dabei muß sichergestellt werden, daß auch die Führungskräfte den neuen Anforderungen standhalten. Wenn sie nicht überzeugt sind, dann nutzt die beste Strategie nichts. Auch für sie muß ein Anreiz vorhanden sein, ihr bisheriges Verhalten zu ändern. Wenn ihnen weder die Notwendigkeit einer Verhaltensänderung einsichtig ist, noch irgendein Anreiz zur Verhaltensänderung geboten wird, ist die Strategie zum Scheitern verurteilt.

Mit Brachialgewalt kann unerwünschtes Verhalten nicht geändert werden. Verhaltensänderungen erfordern positive Anreize. Die Androhung negativer Sanktionen führt lediglich zu verdecktem Verhalten, aber keiner Verhaltensänderung.

1. Ordnung und Prozeß im Unternehmen

Ein Blick auf die Strukturen und Beeinflussungsfaktoren des Wirtschaftsprozesses mag dazu dienen, auch unternehmerische Funktionen besser abzugrenzen. Wie schon erwähnt, stammen die Begriffe Ordnungs- und Prozeßpolitik aus den Gesellschafts-, speziell den Wirtschaftswissenschaften. Der Grundgedanke ist dabei, daß zum einen ein Rahmen geschaffen werden muß, in dem der Wirtschaftsprozeß abläuft (Ordnungspolitik) und zum anderen der Staat auch in den Ablauf selber eingreifen muß (Prozeßpolitik).

Als Ordnungspolitik wird dabei die Gesamtheit der normenschaffenden und, soweit möglich, stilbeeinflussenden Maßnahmen bezeichnet, um den Wirtschaftsprozeß entsprechend der Werte und Normen in die gewünschte Richtung zu steuern.

Die allgemeine Ordnungspolitik beschäftigt sich mit der Wahl zwischen verschiedenen Grundtypen von Ordnungen zum Beispiel autoritärer oder demokratischer Wirtschaftsbeeinflussung.[107]

Gegenstände der Ordnungspolitik sind neben den Problemen der Bildung von Organisationstypen und ideologischen Grundlagen Fragen zum Beispiel der Wettbewerbspolitik, der Verteilungspolitik und der Politik der sozialen Sicherheit.

Bei der Prozeßpolitik geht es um das steuernde Eingreifen in den Wirtschaftsablauf. Mit Hilfe der Instrumente Geldpolitik, Fiskalpolitik, Preispolitik und Lohn- und Einkommenspolitik werden die staatlichen Ziele verfolgt.

Lassen sich aus diesem Exkurs über die rahmengebende und verhaltenssteuernde Staatstätigkeit nicht auch Schlüsse ziehen, die mithelfen könnten, die Strukturprinzipien von Unternehmertätigkeiten zu begreifen, zu beschreiben und zu steuern?

Um für Management by Joy die richtigen Voraussetzungen zu schaffen, müssen dann sowohl ordnungs- als auch prozeßpolitische Instrumente eingesetzt werden.

Es ist ein Rahmen im Unternehmen zu schaffen, der Arbeitsfreude, Glück und Erfolgserlebnisse der Mitarbeiter überhaupt erst möglich macht. Diese rahmenbildende Aufgabe kann eine tragfähige Unternehmenskultur übernehmen. In Kombination mit einem partizipativen Führungsstil sind die besten Voraussetzungen für diese Ziele geschaffen. Mit Hilfe von visionärem Management und einem neuen Informations- und Kommunikationsmanagement kann der Arbeitsprozeß dann so gesteuert werden, daß Erfolge für Mitarbeiter nicht nur möglich, sondern tatsächlich werden.

In den Unternehmen müssen also, folgt man diesem Gedankengang, sowohl ordnungs- als auch prozeßsteuernde Fähigkeiten vorhanden sein, will man mit Hilfe von Management by Joy dem Unternehmen und den Mitarbeitern gleichermaßen Erfolg verschaffen.

---

107 Vgl. Kompendium der Volkswirtschaftslehre, herausgegeben von W. Ehrlicher u. a., Band 2, 2. durchgesehene Auflage, Göttingen 1968, S. 168 ff.

Wer glaubt, daß die möglichst häufige Anwendung eines zugkräftigen Schlagwortes, wie etwa Unternehmenskultur oder Motivation durch Identifikation oder etwa visionäres Management, genügt, um zukünftige Wirtschafts- und Unternehmensprobleme zu lösen, den wird die Entwicklung eines Besseren belehren. Genau wie beim Staatengebäude auch, so benötigt das Unternehmensgebäude sowohl einen ordnungspolitischen Rahmen als auch prozeßpolitische Handlungsanweisungen. Beides muß stimmig sein.

Management by Joy gibt bereits bekannten neuen Managementtechniken einen neuen Sinn und zusätzliche Berechtigung, indem es sie in einen neuen Zusammenhang stellt. Statt mit Hilfe punktueller Maßnahmen temporäre Erfolge zu erzielen, werden in einem derart strukturierten Rahmen und gesteuerten Prozeß Langfristerfolge möglich.

Management by Joy stellt den Mitarbeiter in den Mittelpunkt. Und da gehört er auch hin, schließlich ist er der Mittelpunkt jeglicher Unternehmensleistung.

2. Der Ordnungsrahmen: gemeinsame Werte durch Unternehmenskultur

Der Blick auf die immateriellen Werte eines Unternehmens und deren Bedeutung für den Unternehmenserfolg ist spätestens seit dem Erscheinen des Buches «In search of Excellence»[108] geschärft. Schon hier forschten die Autoren nach den Werten, die von den Mitarbeitern eines Unternehmens gemeinsam getragen werden. Der «Geist» oder Stil eines Hauses, so fanden die Autoren heraus, der durch die gemeinsam getragenen Werte (shared values) in gelebter Form in einem Unternehmen vorhanden ist, entscheidet über Mißerfolg, Mittelmaß oder Spitzenleistung.

Zu den in gelebter Form vorhandenen Werten gehören etwa die Einstellung zu Kollegen und Untergebenen, die Fairneß im Umgang mit Lieferanten, Kunden und Wettbewerbern, das Qualitätsbewußtsein in bezug auf

---

108 Peters, T.J., Waterman, R. H. jun., In search of Excellence, New York 1982.

Produkte und Dienstleistungen und das Leistungsbewußtsein.[109] Neuere Aufsätze, Gedankenniederlegungen und Theorieansätze zur Unternehmenskultur basieren überwiegend auf dem Gedankengut von Peters und Waterman, den Autoren des vorgenannten Bestsellers.

Während bei kleinen und mittleren Unternehmen die Mitarbeiter noch für sie fühlbar von Unternehmern beziehungsweise einer Geschäftsleitung geführt werden, die in relativ greifbarer Nähe angesiedelt sind, sind bei Großunternehmen, Mischkonzernen und Kapitalgesellschaften die «Lenker» für die Mitarbeiter in der Regel anonyme Größen. Je größer ein Unternehmen wird, desto mehr schwindet die Figur des Unternehmers. Es wird immer schwerer, Mitarbeiter auf ein Ziel einzuschwören.

Nach dem Krieg waren «shared values» kein Problem, denn alle wollten das gleiche. Man wollte Wiederaufbau, persönliches Eigentum und soziale Sicherheit. Heute sind die Ziele individueller geworden. Man zieht nicht mehr «an einem Strang».

Je mehr die Unternehmen ausufern, sich an anderen Unternehmen beteiligen, Firmen hinzukaufen und kooperieren, desto mehr Unternehmenskulturprobleme entstehen. Mit ihnen gehen Motivationsprobleme einher.

Bei kleinen und mittleren Unternehmen sind die durch den Unternehmer selbst vorgelebten Werte und Normen für die Mitarbeiter noch klar zu erkennen. Die Figur des Unternehmers kann den Mitarbeitern Sicherheit geben und das «Wir»-Gefühl stärken.

Wer die Werte und Normen, die der Unternehmer selbst geprägt hat, nicht anerkennt, wird eine solche Firma schnell verlassen. Je größer aber ein Unternehmen wird, desto mehr entschwindet die handfeste Figur des Unternehmers beziehungsweise der Geschäftsleitung, die für die Mitarbeiter gleichbedeutend mit «einer Stimme» ist. Führungsmitglieder werden austauschbar, es entsteht die Gefahr der Irritation und der Desorientierung der Arbeitnehmer. Mitarbeiter und auch Kunden können Sicherheit und «Wir»-Gefühl verlieren.

Ein verlorengegangenes «Wir»-Gefühl, eine gestörte Identifikation mit dem Unternehmen und Verwirrung darüber, wo man nun in einem Unternehmenskonglomerat hingehört, wirken verheerend auf die Motivation.

---

109 Vgl. hierzu auch: Demuth, A., Eine Verfassung für das Unternehmen, aus: Bachinger, R. (Hrsg.), Unternehmenskultur, Ein Weg zum Markterfolg, aus der Reihe: Blick durch die Wirtschaft, Frankfurter Allgemeine Zeitung, 1. Auflage, Frankfurt 1990, S. 26.

Der Mitarbeiter zieht nicht mehr richtig mit, weil er nicht weiß, wofür. Andere Interessen, zum Beispiel aus dem Freizeitbereich, drängen sich wieder stärker in den Vordergrund. Schlimmstenfalls macht der Mitarbeiter wegen der ungelösten und nicht verarbeiteten Probleme «dicht». Da die leistungssteigernde Wirkung der Motivation ausfällt, sinkt die Produktivität und etwaige eingeplante Synergie-Effekte bleiben aus. Der ganze Sinn und Zweck von Unternehmensausweitung oder Kooperation, der Zugewinn an Produktivität, heben sich auf, weil man zuwenig an die Mitarbeiter gedacht hat.

Je größer ein Unternehmen wird, desto größer wird die Gefahr, daß die gleichen Überzeugungen verlorengehen. Gemeinsam getragene Werte lassen sich nicht mehr ohne weiteres voraussetzen. Es entstehen vollkommen neue Anforderungen an die Führungsqualität und die Intergrationskraft der leitenden Mitarbeiter.

Diesen muß aber auch ein tragfähiges Konzept zur Seite gestellt werden, auf das sie Bezug nehmen können. Geschieht das nicht, dann kann es passieren, daß sich einzelne Abteilungen auseinanderleben. Dann besteht die Gefahr, daß jede Abteilung ihre eigene Kultur entwickelt, die dann unter Umständen nicht mehr den Unternehmenszielen folgt. Das Unternehmen «spricht» zu Kunden, sonstigen Ansprechpartnern und Mitarbeitern nicht mehr mit «einer Stimme», sondern als babylonische Hydra.

Um diesem Effekt vorzubeugen, kann ein Unternehmen in den Prozeß der Kulturbildung steuernd eingreifen. Da – wie schon erwähnt – nur der geringste Teil der Unternehmenskultur sichtbar herausragt, der weitaus größte aber unter der Oberfläche zu finden ist, läßt man sich beim Versuch der Steuerung der Unternehmenskultur auf keinen einfachen Job ein. Einstellungen, Überzeugungen, Werte und Normen, das sind keine Maschinen oder Gegenstände, sondern das sind fundamentale Teile der Menschen, die für das Unternehmen arbeiten. Teile, die zum einen direkt und unverändert von den einzelnen Mitarbeitern in das Unternehmen eingebracht werden und Teile, die sich erst durch das Miteinander im Unternehmen hinzugesellen. Daraus ergibt sich logischerweise, daß der Prozeß der Unternehmenskultur nicht ohne Wissen und Willen der Mitarbeiter gesteuert werden kann.

Ein Wertekonzept – und nichts anderes ist ja Unternehmenskultur – kann aber nur dann wirkungsvoll nach außen getragen werden, wenn von allen Mitarbeitern des Unternehmens diese Werte anerkannt und mitgetragen werden.

Das bedeutet, daß die Mitarbeiter schon bei der Schaffung eines für das Unternehmens verbindlichen Kulturkonzepts in den Entscheidungsprozeß eingebunden werden müssen.

Kultur und Normen

Kulturelle Normen wirken wie ein Filter. Sie lassen nur solche Informationen an das Bewußtsein des einzelnen dringen, die sein Wertsystem einordnen kann. Kultur, die einen tiefgreifenden und nachhaltigen Einfluß auf das menschliche Verhalten hat, ist das wichtigste Bindeglied zwischen den Menschen und die Grundlage für jeden zwischenmenschlichen Kontakt.[110] Kultur ist ein System von Kommunikation, das sowohl auf der Ebene des Bewußten als auch auf der Ebene des Unbewußten das Verhalten der Menschen prägt. Neben seiner ganz persönlichen eigenen Wertstruktur gehört jeder Mensch verschiedenen Kulturen an. Da ist zum einen eine Länderkultur, die vor allem durch die Geschichte eines Landes geprägt ist. Ein weiterer Kulturkreis, dem der Mensch angehört, ist der Familien- und Freundeskreis. Diese Kultur wird durch die Familientradition, die Familiengröße, Erziehungsrituale und den Umgang miteinander beeinflußt. Wichtig für das spätere eigene Wertekonzept und die eigene Kultur ist gerade bei jungen Leuten auch die Gruppe der Gleichaltrigen, die eine eigene Kultur entwickelt.

Tritt ein Mensch in ein Unternehmen ein, so wird er mit einer neuen Kultur konfrontiert, nämlich der Firmenkultur, auch Unternehmenskultur oder «corporate culture» genannt. Auch diese Kultur liegt wie die anderen nur zum Teil – wie die Spitze eines Eisberges – offen zutage. Dieser sichtbare Teil, das sind Zeichen wie etwa Belohnungsrituale, Funktionsverteilungen, Riten, Zeremonien und ähnliches. Der weitaus größere Teil der Unternehmenskultur, der unter der Oberfläche zu finden ist, setzt sich zusammen aus Einstellungen, Überzeugungen, Werten und Normen, die Ergebnis des Verhaltens der Mitarbeiter sind, zugleich aber auch prägend für deren Verhalten. Es ist ein alternierender Prozeß, der aber durchaus konzeptionell gesteuert werden kann.

---

110 Vgl. Hall, Edward T., Hall, Mildred Reed, Verborgene Signale, Studien zur internationalen Kommunikation, Hamburg 1983, S. 19.

Unternehmenskultur und Verbraucherverhalten

Es herrscht nahezu Angebotsgleichheit. Daraus resultiert, daß andere kaufentscheidende Kriterien in den Vordergrund rücken, Kriterien wie zum Beispiel die Unternehmenskultur. Diese soll vom Menschen, vom Mitarbeiter, getragen werden.

Die zunehmende Austauschbarkeit der Produkte und die allseitige Informiertheit der Wirtschaftsteilnehmer führten bei innovativen Unternehmen in den vergangenen Jahren zu Überlegungen, wie neue kaufentscheidende Kriterien kreiert werden könnten. Ihnen half oft die Rückbesinnung auf die Firmenkultur, die heute smart mit Unternehmenskultur tituliert wird.

Man fand heraus, daß den firmenspezifischen Auslösern für Reflektionsprozesse zur Unternehmenskultur ein kundenspezifischer zur Seite steht: Es zeigt sich nämlich zugleich ein neues, bisher unbekanntes Phänomen: das des irrational handelnden Wirtschaftsteilnehmers.

Früher wußten sowohl Wirtschaftstheoretiker als auch Wirtschaftspraktiker, daß die Nachfrager sich vom Zusammenspiel von Produkt, Preis, Qualität und Service zur Hergabe ihrer monitären Ausstattung verleiten ließen. Diesen Konsum ordnete man dann als rational im Sinne der Theorie ein. Heute weiß man das nicht mehr!

Der Konsument von Gütern und Dienstleistungen handelt heute anscheinend nicht mehr rational im Sinne des homo oeconomicus, sondern emotional. Zumindest spricht man dem Konsumenten die Rationalität so lange ab, bis eine passende Theorie mit genügend ceteris-paribus-Klauseln zur Erklärung seines Verhaltens gefunden ist.

Der Kunde läßt sich offenbar viel mehr vom schönen Schein, von seinen Vorstellungen über eine Firma, über ein Produkt und von sonstigen nebulösen, im emotionalen Bereich angesiedelten Argumenten zum Kauf verleiten, als wir dies heute noch vermuten. Stichworte, die auf diesen neuen Trend deuten, sind zum Beispiel «stimmige Atmosphäre» und «Erlebniskauf».

Aber nicht nur eine neue Emotionalität ist der Grund für ein scheinbar nicht mehr nur rational zu nennendes Verbraucherverhalten, sondern auch die durch den hohen, bei allen Firmen nahezu gleichen Industrie- und Dienstleistungsstandard geschaffene Angebotsgleichheit. Produkte und Dienstleistungen sind nahezu identisch. Also greift der Kunde auf andere kaufentscheidende Kriterien zurück.

Neue Emotionalität oder Gleichheit des Produkt- und Dienstleistungsstandards – wo ist das Huhn und wo das Ei? Vermutlich entscheiden die Kunden heute deswegen emotionaler, weil sie für rationales Kaufverhalten keine Basis in Form von Produktdifferenzierung mehr finden. So entscheiden sie sich für die Seife mit dem besten Image und die Bank mit der schönsten Eingangshalle.

Die Außenwirkung von Unternehmenskultur

Jede Firma sitzt heute wie eine Spinne im Netzwerk. Sie muß zahlreiche Außenverbindungen pflegen. Diese sind weit umfassender und bedeutender als in den Pioniertagen der Marktwirtschaft. Bisher richtete die Führungsspitze jedoch ihr Augenmerk im wesentlichen auf den Konsumenten und nahm andere Gruppen oft nur als notwendiges Übel in Kauf. Diese Strategie reicht für die Zukunft nicht mehr aus.

Heute sind alle für ein Unternehmen wichtig. Arbeitgeber-, Arbeitnehmervereinigungen, Werbefirmen, Lieferanten, Mitbewerber, politische Gremien und die eigenen Mitarbeiter, all dies sind Zielgruppen eines Unternehmens. Nicht mehr nur der Kunde zählt.

Der Wandel von Knappheits- zu gesättigten Märkten verleiht den externen Berührungsgruppen eines Unternehmens zunehmend Bedeutung. Neben dieser stärkeren Gewichtung der Außenbeziehungen ist zudem ein Anwachsen solcher externen Gruppen zu verzeichnen.

Wer aber repräsentiert ein Unternehmen nach außen? Die Zeiten, in denen vorrangig der Betriebseigentümer die Außenbeziehungen pflegte, sind längst am Horizont entschwunden. Zum einen haben die Unternehmen zum Teil eine Größe erreicht, die dies unmöglich macht, zum anderen sind die Kommunikationswege, -mittel und -beziehungen weit komplexer geworden als je zuvor.

Unternehmen sind heute mehr denn je in die Gesellschaft eingebettet. Ihr Ansehen in der Gesellschaft ist für den Unternehmenserfolg wichtig wie nie. Auch hieraus resultiert die Notwendigkeit, sich über einen Ordnungsrahmen in Form einer die Handlungen prägenden Unternehmenskultur Gedanken zu machen, der zugleich imagewirksam ist.

Eine Firma, die zum Beispiel militärische Güter in Krisengebiete liefert, wird gesellschaftlich stigmatisiert, auch wenn sie sonst und überwiegend Gebrauchsgüter herstellt und sich vielleicht sogar noch sozial engagiert.

Nicht anders geht es einem internationalen Konzern, der durch ein Tankerunglück für die Verseuchung eines landwirtschaftlich einmaligen Naturschutzgebietes verantwortlich gemacht wird. Ein Unglück in einer Sparte eines Konzerns wird heute nicht mehr als lokale Katastrophe gewertet, es ist in der Lage, einen Weltkonzern in seiner Existenz zu gefährden.

Exxon, Immhausen, Perrier, Coop, Nukem, das sind nur einige Namen aus einer langen Kette von Firmen, deren Überleben durch die systematische Pressebearbeitung eines mehr oder minder tragischen Zwischenfalls bedroht war oder ist. Dabei ist es nahezu unerheblich, ob der Zwischenfall selbst verschuldet ist oder lediglich unberechtigt angelastet wird. Die Beschäftigung mit der eigenen Unternehmenskultur kann hier sowohl vorbeugende als auch kurierende Dienste leisten.

Unternehmenskultur und Innenwirkung

Skandale sind nicht nur für die Bilanzen der Firmen eine Katastrophe, sondern auch für die Motivation der Mitarbeiter. Einerseits fühlen sie sich von «ihrer» Firma verraten und verkauft, wenn der Wahrheitsgehalt der Skandale nicht mehr anzuzweifeln ist und ihnen die Beteiligung ihrer Firma an unlauteren Machenschaften oder zum Beispiel auch ökologischen Fehltritten vorher unbekannt waren. Andererseits werden sie auch im Freundes- und Familienkreis oft genötigt, zu den Skandalen Stellung zu beziehen.

Je stärker die Mitarbeiter in eine tragfähige Unternehmenskultur integriert sind, desto fester und motivierter werden sie auch in kritischen Zeiten zu ihrem Unternehmen stehen. Sie werden auch im Freundes- und Bekanntenkreis den Zweifeln weniger Raum lassen.

Aber auch unabhängig von Krisenzeiten hat eine bewußt gestaltete Unternehmenskultur eine große Innenwirkung. Hier wird die Basis für eine Identifikation des Mitarbeiters mit «seiner» Firma geschaffen. Das «Wir»-Gefühl hängt entscheidend von der Firmenkultur ab. Mitarbeiter, die stolz auf ihre Firma sind, weil sie sich mit deren Werten und Normen identifizieren können, leisten mehr. Aber nicht nur ihre eigene Einschätzung der Firmenkultur beeinflußt ihre Motivation, sondern auch die Einschätzung des Unternehmens durch Außenstehende. Je positiver die Unternehmenskultur nach außen wirkt, desto couragierter und stolzer gibt sich der Mitarbeiter auch als Firmenmitglied zu erkennen. Es beflügelt ihn, für ein Unternehmen zu arbeiten, das in der Öffentlichkeit wohlangesehen ist.

Mitarbeiter, die sich mit ihrem Unternehmen voll identifizieren können, haben auch ein höheres Qualitätsbewußtsein. Für eine renommierte Firma zu arbeiten beinhaltet auch den Anspruch der Arbeitnehmer an sich selbst, das gute Image durch eigene gute Leistung zu halten.

Unternehmenskultur bestimmt nicht nur die Qualität der Produkte, sondern auch die Qualität des Zusammenarbeitens in einem Unternehmen. Diese Kultur des Zusammenarbeitens wird maßgeblich von den Menschen im Betrieb, speziell den leitenden Mitarbeitern, geprägt. Sie müssen den neuen Anforderungen genügen. Sie müssen zu Management by Joy fähig sein.

Unternehmenskultur und Kommunikation

Kommunikation ist ein wesentlicher Baustein der Unternehmenskultur. Als Beispiel: Wenn jemand in einem Unternehmen anruft, dann ist er angenehm von einem freundlichen Mitarbeiter berührt. Dieser kann aber nur freundlich sein, wenn er in einem zufriedenstellenden Umfeld arbeitet, wenn Sympathien sein Umfeld beherrschen.

Die Kommunikation hat eine vorrangige Bedeutung erhalten. Wer da nicht mitzieht und aktiv den Kommunikationsprozeß mitsteuert, ist schnell außen vor.

Da der Unternehmer immer weniger in der Lage ist, alle Kommunikationsprozesse nach außen gezielt zu steuern, braucht er Mitarbeiter, die in der Lage sind, selbständig und im Sinne des Unternehmers die Firma nach außen zu repräsentieren.

Dies ist nicht eine Aufgabe, die nur Führungskräften vorbehalten ist. Kommunikation nach außen gibt es auf allen Hierachiestufen. Wenn auch die eine oder andere Hierachiestufe stärker in die externe Kommunikation eingebunden ist, so ist doch aber keine davon ausgenommen.

Auch der Wirkungskreis und Wirkungsgrad außerbetrieblicher Kommunikation unterer Hierachiestufen sollte nie übersehen werden. Wie oft prägen gerade die Stammtischrunden-, Fußballclub-, Kegelverein-Gespräche das Bild eines Unternehmens in der Öffentlichkeit. Sie spiegeln oft die Zufriedenheit der Mitarbeiter wider.

Nie dürfen die zahlreichen Kommunikationsverbindungen der Mitarbeiter im Familien-, Freundes- und Bekanntenkreis unterschätzt werden. Es haben sich schon oft Personalleiter und Unternehmer, die dies nicht beachteten, darüber gewundert, daß ihnen geeignet erscheinende potentielle Mitarbeiter kein Interesse an einer Anstellung hatten, oder auch daß bei Stellenausschreibungen keine genügende Resonanz aus dem direkten Umfeld zu spüren war. Schon oft haben die verschlungenen Kommunikationswege eine gute Einbindung des Unternehmens in sein lokales Umfeld hintertrieben. Es genügt aber nicht, die Mitarbeiter mit Durchhalte- und Motivationsparolen auf die Linie des Hauses einzuschwören. Diese Kräfte wären verschwendet.

Positives kommunikatives Verhalten muß vorgelebt und über das Vorleben angenommen werden. Es muß glaubhaft vorgezeigt und nicht nur mit Kopf, sondern auch gerade mit Herz übernommen werden.

Unternehmenskultur und der erste Eindruck

Der erste Eindruck beim Besuch einer Firma, egal ob Produktions-, Dienstleistungs- oder Handelsunternehmen, prägt die weiteren Erwartungen – oder wie ein amerikanischer Top-Konzern in einer seiner Werbeaussagen unterstreicht: «You never get a second chance for the first impression.» Der erste Eindruck wird nicht nur durch die sichtbaren Dinge wie Möbel, Teppichboden, Firmenzeichen, Gesamtdesign, Beleuchtung und ähnliches beeinflußt, sondern man spürt gleich beim Empfang den «Geist» eines Hauses, jenen immateriellen Part eines Unternehmens, der heute mehr und mehr über den Unternehmenserfolg entscheidet.

Wird man von der Empfangsdame verbindlich oder unfreundlich begrüßt? Wird aufmerksam nach den Wünschen gefragt, oder hat man es mit einem mürrischen Mitarbeiter zu tun? Ist der erste Raum, den man betritt, düster und unordentlich und erschwert die Orientierung? Oder wird man in einem hellen, überschaubar geordneten, freundlichen Raum empfangen? Falls der erste Kontakt schriftlich erfolgt: Ist der Brief oder der Prospekt übersichtlich gegliedert? Können die markanten Stellen leicht überblickt werden, oder steht man einem unappetitlichen Wortwust gegenüber, der nur schwer das eigentliche Anliegen des Schreibers erkennen läßt und den Adressaten somit schon ein wenig verstört oder sogar ärgerlich werden läßt?

Wie oft prägt der erste Eindruck das gesamte weitere Verhalten einem Unternehmen gegenüber! So entscheidet er nicht über das momentan zu tätigende Geschäft, sondern auch über alle Zukunftsprojekte, die mit diesem Unternehmen zusammen gestaltet werden sollen. Der zweite Eindruck kann den ersten nur schwer überdecken. Im Gegenteil: Ist der erste Eindruck negativer Art, so wird ein freundlicher zweiter Empfang weit kritischer angenommen, weil er den Betreffenden dem Entscheidungsproblem aussetzt, soll man nun dem negativen ersten oder dem positiven zweiten Eindruck folgen? Man ist nicht mehr ohne Vorbehalte.

Dieser Effekt der Prägung des zukünftigen Handelns durch den ersten Eindruck darf nicht verschenkt werden. Er muß positiv für das Unternehmen genutzt werden.

Unternehmenskultur und Füllung

Unternehmenskultur ist, metaphorisch gesprochen, das Dach eines Unternehmens, ein Dach, das jedes Unternehmen hat, ob es will oder nicht. Wer sich dessen bewußt ist, kann dieses Dach – um in der Bildsprache zu bleiben – selber decken, kann seine Außen- und Innenwirkung prägend gestalten, ehe ihm von außen ein Stempel aufgedrückt wird.

Aber: Wo nichts ist, kann man nichts bauen, das heißt, nicht die Form macht die Unternehmenskultur aus, sondern der Inhalt. Wenn ein Unternehmen keine geistige Füllung hat, dann wird ein bewußt gestaltetes Bild nach außen zu «des Kaisers neuen Kleidern», dann nutzen alle Corporate-Identity- und Corporate-Design-Strategien nicht, dann ist das Unternehmen eine «taube Nuß».

Nur wo ein Inhalt ist, kann eine Verpackung gestaltet werden, die allerdings so, daß derjenige, der mit der Firma weiteren Kontakt aufnimmt, also etwa der Kunde oder der neue Mitarbeiter, beim Auspacken nicht getäuscht und damit enttäuscht wird.

Verpackung und Inhalt müssen homogen sein. Das Unternehmen muß sich selbst treu bleiben, alles andere ist Taschenspielerei und stößt erst dem Kunden und später dem Unternehmen selbst auf.

Corporate-Design- und Corporate-Identity-Strategien müssen auf der Kultur des Unternehmens fußen. Sonst wirken sie wie ein zu großer oder falsch sitzender Anzug, der, statt den Typ positiv herauszustellen, die gegenteilige Wirkung hat. Eine alte Weisheit der Brahmanen lautet: «Nur nichtig ist der Schein, doch wichtig die Erscheinung/Vollkommen ist allein des Seins und Scheins Vereinung.»[111]

Unternehmenskultur und Dynamik

Werte müssen konkret gelebt werden! Unternehmenskultur soll zwar Sicherheit und Stabilität ausstrahlen, aber das heißt nicht, daß Unternehmenskultur statisch ist. Werte sind ständig Wandlungen unterzogen, sonst gäbe es keine Entwicklung und keinen Fortschritt. Dynamische Prozesse entstehen schon allein durch die Fluktuation der Mitarbeiter. Neue Mitarbeiter bringen neue Werte mit. Folgende Effekte sind dabei denkbar:

1. Diese neuen Mitarbeiter können sich den von den Vorgesetzten exemplarisch vorgelebten Werten anschließen, oder

2. sie gefährden durch das Festhalten an persönlichen Wertstrukturen und das Ablehnen der im Unternehmen vorhandenen Kultur die bislang bestehende Unternehmenskultur, oder

3. sie bringen positive neue Werte ein, deren Einarbeitung in die vorhandene Wertestruktur für das Unternehmen von Vorteil ist.

Die Aufgabe von Vorgesetzten, die für die Auswahl neuer Mitarbeiter verantwortlich sind, ist es auch, in ihren Bewerbungsgesprächen solche Bewerber herauszufiltern, die Störeffekte evozieren, und diejenigen zu erkennen, die neue Trends produktiv und werthaltungssunterstützend einbringen könnten. Dazu gehört auch die Bereitschaft der Vorgesetzten zur permanenten Veränderung ihrer selbst, denn der Prozeß des Wertewandels schreitet – wie wir weiter oben gesehen haben – mit großen Schritten voran. Die Frage ist, inwieweit man diesem Prozeß durch Offenheit und Gesprächsbereitschaft den Trendsettern gegenüber folgen kann oder inwieweit man sich abhängen läßt.

Natürlich muß sich der Vorgesetzte nicht an die Spitze jedes Trends setzen, aber das Offensein gerade jungen Menschen gegenüber ist eine gute Voraussetzung für das Erkennen von neuen wichtigen Werten oder von Prioritätenveränderungen.

---

111 Rückert, Weisheit der Brahmanen, Band 4, S. 253.

Unternehmenskultur und Subkultur

Können die Mitarbeiter den Ordnungsrahmen in Form einer gemeinsam getragenen Unternehmenskultur nicht annehmen und verstehen die bewußt gestaltete Unternehmenskultur als «Wertedrill» oder «Konzerndressur» mit «Harmoniepflicht»[112], dann kann es neben der «inneren Kündigung» auch zum Entstehen einer Subkultur kommen. Diese ist dann die Kultur einzelner oder von Gruppen von Mitarbeitern, in die die Ziele des Unternehmens nicht mehr integriert sind, eine Kultur, die sich nur an den Bedürfnissen der Mitarbeiter orientiert.

Mitarbeiter machen dann Dienst nach Vorschrift, nutzen die Unternehmenseinrichtungen, soweit es geht, für eigene Zwecke aus, feiern ihre Feste nach neuen eigenen Riten in quasi verschwörerischen Runden und empfinden Kunden, die die unternehmenseigene Sphäre betreten, häufig als Störfaktoren.

Einbeziehung der Mitarbeiter

Um dieser Fehlentwicklung vorzubeugen, führt kein Weg an der Einbeziehung der Mitarbeiter in den Entscheidungsfindungsprozeß vorbei. Den Mitarbeitern ist nämlich durchaus die Notwendigkeit eines Ordnungsrahmens in Form einer gemeinsam tragbaren Unternehmenskultur verständlich zu machen. Sie brauchen und wollen das «Wir»-Gefühl.

Die Integration der Mitarbeiter kann z. B. über einen Wettbewerb zur Findung eines Unternehmens-Slogans geschehen. Die Beteiligung der Mitarbeiter bei der Suche nach den «shared-values» ist ein wichtiger Schritt zu mehr Gemeinsamkeit, bewußter gestalteter Unternehmenskultur. Gerade von jungen Mitarbeitern werden also neue Wertetrends in die Unternehmen eingebracht. Sie müssen in die vorhandene Unternehmenskultur, den Handlungsrahmen, integriert werden, sonst sind Konflikte vorprogrammiert.

Ein deutliches Ablehnen der Werte junger Mitarbeiter kann zur Trennung oder auch zur gefürchteten «inneren Kündigung» führen. Diese

---

112 Kompa, Ain, Gestaltung von Unternehmenskultur – eine neue Chance oder eine neue Gefahr?, aus: Bachinger, R. (Hrsg.), Unternehmenskultur, a.a.O., S. 49.

Konflikte wirken auch nach außen, und das sorgsam geschaffene Image des Unternehmens wird gestört, wenn nicht sogar zerstört.

Kulturtragende Sinnsprüche und Slogans wie etwa «Firma X denkt weiter» werden dann spöttisch in «Firma X schläft weiter» oder etwa «wir müssen sparen, wo es geht!» in «..., koste es, was es wolle!» umgemünzt.[113]

Die «Spielregeln der Kultur» müssen also von allen Mitarbeitern gleichermaßen akzeptiert werden, sonst entstehen «Kulturkonflikte», der Handlungsrahmen zerfleddert, und der Mitarbeiter wird zum «Spielverderber».[114] Die bewußt gestaltete Unternehmenskultur beeinflußt ja den Unternehmenserfolg nicht nur auf direktem Weg, sondern auch über die Schaffung eines fruchtbaren Bodens zur Motivierung der Mitarbeiter.

Unternehmenskultur als Wettbewerbsfaktor

Noch ein Aspekt spricht für einen handlungsprägenden Ordnungsrahmen in Form einer tragfähigen Unternehmenskultur: Unternehmenskultur wird mehr und mehr zum Wettbewerbsfaktor.

Unternehmenskultur erhält immer mehr Gewicht, weil andere kaufentscheidende Unterscheidungskriterien dahinschmelzen, weil Betriebsergebnisse durch motivierte Mitarbeiter entscheidend verbessert werden, weil Arbeitnehmer heute mehr und mehr einen Sinn in ihrer Arbeit finden wollen und weil reine Machtausübung der Vorgesetzten keine Akzeptanz mehr findet. Hier müssen neue Führungsqualitäten unter Beweis gestellt werden.

Auch hier hilft das Konzept der Unternehmenskultur als Bestandteil eines Management by Joy. Aus ihr heraus werden neue Unternehmensgrundsätze formuliert, die eine Bündelung betriebsspezifischer Handlungs- und Entscheidungsprinzipien darstellen. Diese Unternehmensgrundsätze schaffen den Rahmen für die Zusammenarbeit mit Mitarbeitern, Kunden, Lieferanten, Wettbewerbern, Kapitalgebern und Öffentlich-

---

113 Beispiele aus: Kasper, H., Symbolisches Management – der Vorgesetzte als «Sinnstifter»; Bachinger, R. (Hrsg.), Unternehmenskultur, a.a.O., S. 21.

114 Vgl. Scholz, Chr., Unternehmenskultur, Vier Erfolgsprinzipien (Gabler's Magazin, Betriebswirtschaft für Manager, 4. Jg., Heft 5/1990, S. 29).

keit.[115] Sie beinhalten die Wertvorstellungen und Entscheidungshilfen, konkretisieren die Gemeinsamkeiten, legen den Zukunftskurs fest, beschreiben Abhängigkeiten, weisen Vorgesetzten Funktionen zu und definieren Ziele nach innen und außen.

Auch die Verantwortung des Unternehmens in der Gesellschaft wird hier niedergelegt.

Unternehmenskultur und Motivation

Neben der Motivationswirkung durch verstärkte Identifikation wirkt bei einer gemeinsam erarbeiteten und getragenen Unternehmenskultur noch ein weiterer Motivationsfaktor: Die gemeinsamen Überlegungen zu den Werten, die das Unternehmen verkörpert und die von den Mitarbeitern getragen werden, stärken das Verantwortungsgefühl der Mitarbeiter. Ihnen wird deutlich, daß das Unternehmen ohne sie nicht existieren kann.

Gleichzeitig sind sie aber auch für den Erfolg und Mißerfolg verantwortlich. Sie spüren eine neue Offenheit im Umgang miteinander, die daher rührt, daß nicht nur ihre Leistungskraft, sondern auch ihre Wertstrukturen, die Teil ihrer Persönlichkeit sind, berücksichtigt werden.

Ihr Verantwortungsgefühl steigt, das neue Bewußtsein im Unternehmen spornt sie an, und die Produktivität des gesamten Unternehmens wird positiv beeinflußt.

---

115 Vgl. Definition der Unternehmensgrundsätze von ASU und BJU (Arbeitsgemeinschaft selbständiger Unternehmer/Bund junger Unternehmer), zitiert bei Demuth, A., Eine Verfassung für das Unternehmen, aus: Bachinger, R. (Hrsg.) Unternehmenskultur a.a.O., S. 27

Ein Beispiel aus der Praxis

John Thorbeck, ein Erfolgsmanager, wie er im Buche steht, berichtet von der Wichtigkeit, den geschäftlichen Kurs eines Unternehmens bewußt auf Tradition, Werte und Kompetenz abzustimmen:[116]

Nachdem Thorbeck mehrere Firmen, darunter die Aspen Skiing Company, Timberland Shoe Company und den Schuhfabrikanten Bass, weit in die Gewinnzone gepuscht hat, zieht er seine persönliche Bilanz.

Er konstatiert, daß er trotz all seiner Erfolge seine eigenen Leistungen als noch unbefriedigend empfindet. Vor allem irritieren ihn die persönlichen Animositäten, die ihm immer wieder entgegengebracht werden.

Er findet einen Grund hierfür in seinem rigorosen Engagement am jeweiligen Markt. Daraus zieht er folgende Lehre:

Der logische Zusammenhang zwischen Werten und Kompetenz, der Geist, der Firmennormen und -kompetenz erst Bedeutung gibt – über deren bloße Übertragung auf ein Produkt oder einen Scheck hinaus[117] – ist wichtiger für das langfristige Überleben eines Unternehmens und den Unternehmenserfolg als ein kurzfristiges Marktanteilstreben. Als einzelner könne man einer Organisation nicht den eigenen Willen aufzwingen, ohne deren Gesundheit zu gefährden.

«Das bedeutet nicht, daß Führung keinen Raum hätte. Es bedeutet nur, daß Führung nicht unabhängig von der betrieblichen Gemeinschaft existieren kann und daß die Führungskräfte ihre Organisation verstehen müssen und sie nur dahin führen dürfen, wohin sie auch gehen können.»[118]

Keinem Unternehmen läßt sich eine Strategie einfach aufs Auge drükken. Die speziellen Qualitäten jedes Unternehmens, seine Kultur und Geschichte, die Traditionen und das Qualitätsbewußtsein seiner Mitarbeiter müssen in eine zielgerichtete Strategie einfließen. Management und Mitarbeiter sind nicht zwei Paar sondern nur ein Paar Schuhe eines Unternehmens.

Auch der Führung muß also ein Rahmen gegeben werden, innerhalb dessen betriebliches Handeln geübt wird. Diesen Ordnungsrahmen der Unternehmenskultur hat John Thorbeck mißachtet. Er hat gehandelt, ohne

116 Thorbeck, John, Wie ich lernte, die Firmentradition zu lieben (Havard Manager, Theorie und Praxis des Managements, Heft 3, 13 Jg., III. Quartal 1991, S. 14).

117 Vgl. ebenda, S. 15.

118 Vgl. ebenda.

die Werte und Normen der jeweiligen Unternehmen zu beachten. Damit hat er zwar in kurzer Zeit Erfolge erzielt, diese konnte er aber nicht langfristig auskosten, weil er das betriebliche Fundament nicht einbezogen hat.

Thorbeck hat gegen Mitarbeiter des eigenen Unternehmens gearbeitet. Diese Erkenntnis, die sich ihm bei seiner persönlichen Bilanz offenbart, setzt er nun bei seinem neuen eigenen Unternehmen um. Er sieht, daß quantitatives Management nicht alles ist. Die Mitarbeiter seiner neuen Firma demonstrieren ihm, welch umfassende motivierende Kraft in einer geschlossenen, gemeinsam getragenen Unternehmenskultur steckt.

Thorbeck führt ein Zitat des Vorbesitzers seiner Firma George E. Keith Shoe Company in Bridgewater, Massachusetts, an, eine Firma, die die feinsten Schuhe in Amerika macht, Schuhe, die nicht nach einer Preisvorgabe, sondern nach einem Qualitätsstandard gefertigt werden. Dieser Vorbesitzer sagte, nachdem der Gründer des Unternehmens, sein Vater, gestorben war:

«Ich möchte, daß sie immer daran denken, daß dies keine gewöhnliche Firma ist, sondern eine Institution mit einem Herz, mit weitreichenden Prinzipien und hohen Idealen. Sie ist ein Denkmal, zu dem George E. Keith das Fundament gelegt hat; und das tat er offen, ehrlich und treu.»[119]

Werte, wie sie in diesem Zitat zum Ausdruck kommen, sind in der Lage, das Unternehmensschiff durch alle Widrigkeiten der wirtschaftlichen Meere sicher in den Hafen des Unternehmenserfolgs zu tragen. Es sind Werte, mit denen sich die Mitarbeiter voll identifizieren können.

Solche Werte haben eine Motivationskraft, die die Mitarbeiter nicht gleich beim ersten Sturm die Segel reffen läßt. Vielmehr geben sie einen Ansporn, dem Wind zu trotzen und aus dem Risiko des Kenterns eine Chance zum schnelleren Vorwärtskommen zu machen.

Noch zwei Beispiele ...

Alternatives Management betreibt die Firma IBM Deutschland, es ist ein Zeichen dafür, daß neue Werte bereits Eingang in die Unternehmenspolitik gefunden haben.

---

119 Ebenda, S. 22.

In jedem Jahr werden 15 Mitarbeiter für gemeinnützige Projekte freigestellt. Es werden überwiegend Projekte im Umweltschutz, aber auch Behinderten- und Ausbildungsprojekte unterstützt. Vor allem Mitarbeiter aus Führungsetagen werden für diese gemeinnützigen Projekte freigestellt.

«Secondment-Programm der IBM» nennt sich dieses altruistisch anmutende Programm, das das Unternehmen pro Jahr ca. 3 Millionen DM kostet. Secondment bedeutet Unterstützung, Förderung und Hilfe.

Die IBM-Mitarbeiter werden zwischen sechs Monate und drei Jahre lang an die gemeinnützigen Institutionen ausgeliehen. Sie sollen dort ihr Wissen einbringen und den zu unterstützenden Organisationen vor allem bei Managementfragen Hilfestellung geben.

Der Dienstherr bleibt IBM, das Gehalt läuft ebenso weiter wie die betriebliche und soziale Absicherung, auch sind die «Secondees» weiterhin unter der Kontrolle von IBM. Von ihnen wird erwartet, daß sie auch innerhalb der gemeinnützigen Organisationen erfolgbringende Leistungen zeigen.

Erfolg ist vor allem deshalb wichtig, weil das Unternehmen, wie Werner Zorn, Leiter des Secondmentprogrammes der IBM Deutschland, bestätigt, mit diesem Programm keinem Altruismus frönt.[120] Vielmehr erwartet das Unternehmen, daß der Erfolg, den der abgeordnete Mitarbeiter hat, auf IBM zurückfällt.

Mit diesem Erfolg bei gemeinnützigen Projekten beweist IBM eine hohe soziale Reife und Kompetenz in bezug auf die Lösung von Zukunftsproblemen. Umweltverträgliches Wirtschaftswachstum, Hilfe für sozial Schwache, Behindertenprogramme und Umweltschutz, das sind die Themen, mit denen sich der Name IBM verbinden soll und mit denen eine zeitgemäße Unternehmenskultur begründet wird.

Die Hilflosigkeit einzelner Individuen angesichts globaler Zukunfts- und Umweltprobleme kann so aufgefangen werden. Dem Wunsch, an einer Lösung dieser Probleme mitzuarbeiten, wird hier entsprochen. Nicht nur, daß der einzelne Mitarbeiter mit Rückendeckung durch ein Weltunternehmen eine persönliche Leistung erbringen kann, die zudem ihn im Wettbewerb nicht schlechter stellt, sondern auch die Gewißheit für alle Mitarbeiter, in einem Konzern zu arbeiten, der sich dieser Probleme

---

120 Vgl. Ebner, Angelika, Alternatives Management, IBM-Mitarbeiter in gemeinnützigen Projekten (Frankfurter Allgemeine Zeitung vom 14.09.1991, Nr. 214, S. 43).

annimmt, läßt für die Mitarbeiter die Zukunft bewältigbarer erscheinen. Unternehmenskultur soll von allen Mitarbeitern getragen werden. Für einen großen Konzern bedeutet das, daß möglichst allgemeingültige «shared values», gemeinsam tragbare Werte, gefunden werden müssen. Umwelt- und Sozialkompetenz sind Bausteine einer Unternehmenskultur, mit der sich wohl die meisten identifizieren können.

Die Ruhrkohle AG hat den Schritt zur gemeinsam tragbaren Unternehmenskultur 1991 gewagt.

Aus den Gedanken und Überlegungen von zahlreichen Mitarbeitern aus allen Bereichen und Ebenen der Ruhrkohle AG wurde ein Leitbild formuliert, das als Ausdruck des Willens der Ruhrkohle AG, ihrer Vorstände, Mitarbeiter und Betriebsräte eine gemeinsame und erfolgreiche Gestaltung der Zukunft vorsieht.[121]

Dieses Leitbild soll gleichzeitig Anregung für Leitbilder der Konzernunternehmen sein. Es ist in einer 20seitigen Broschüre festgeschrieben, die als neues «Grundgesetz der Ruhrkohle AG» nun den Mitarbeitern «verkauft» werden muß, so Meinolf Dierkes, wissenschaftlicher Berater in Sachen Leitbild.[122]

In vier Phasen soll das neue Leitbild an den Mann und die Frau gebracht werden:

In Phase eins wird mit großflächigen Plakaten und kurzen Videoclips gearbeitet, die in allen Bergwerksbetrieben einprägsam das Unternehmensleitbild bekanntmachen sollen.

Phase zwei sieht vor, die Broschüre mit dem Unternehmensleitbild in Kleingruppen durchzuarbeiten. Dieser zentralen Phase wird auch die Kraft zugesprochen, das zur Motivation wichtige «Wir-Gefühl» in die Köpfe der Mitarbeiter zu transportieren. Dieses Durcharbeiten soll verhindern, daß die Broschüre ungelesen in einer Ecke verschwindet.

In einer dritten Phase soll das Gelernte vertieft werden. Hierzu werden wieder Plakataktionen veranstaltet. Nachgeschoben soll ein Jahr später – in einer vierten Phase – überprüft werden, ob das Leitbild tatsächlich im Unternehmen umgesetzt wird.[123]

---

121 Vgl. hierzu und zum folgenden: RAG, Ruhrkohle AG, Das Unternehmensleitbild, O.D.

122 Vgl. dazu: Das Leitbild ist fertig: Jetzt kommt die Umsetzung, Ruhrkohle Werkszeitung, Heft 8/91.

123 Vgl. ebenda.

Ein zentraler Gedanke des Ruhrkohle-AG-Leitbilds ist die Unterstützung von Eigeninitiative der Mitarbeiter. Konkrete Projektvorschläge sollen von den Anlagen kommen, denn hier ist das Fachwissen der Belegschaften gebündelt.

Von einer weitestmöglichen Dezentralisierung wird eine Erhöhung der Kreativität erwartet. So geht es auch bei der Ruhrkohle AG nicht vorrangig um die Wirtschaftlichkeit, sondern um die Konkurrenzfähigkeit angesichts der Beschleunigung des Innovationstempos.Dieser Zukunftsanforderung will man sich mit dem neuen Leitbild gewachsen fühlen.

Inwieweit das gelingt, wird wohl davon abhängen, wieviel Macht zentrale Gremien tatsächlich aus der Hand zu geben bereit sind und welche prozeßsteuernde Maßnahmen gleichzeitig eingeleitet werden. Aber auch auf die einzelnen Vorgesetzten in den Bergwerken wird es ankommen, wenn der Sinn des Leitbilds bis zum einfachsten Mitarbeiter transportiert werden soll. Auch er muß sich als Kommunikator verstehen, der die Idee weiterträgt und positive Resonanzen und erweckte Ideen nach oben nicht abblockt.

Dann werden die Kapitelüberschriften der Leitbildbroschüre «Wir sind ...», «Wir wollen ...», «Wir werden ...» vielleicht nicht nur das «Wir-Gefühl» des Vorstandes und der Arbeitsgemeinschaft der Gesamtbetriebsbeiräte, der Unterzeichner des Leitbildes also, stärken, sondern allen Mitarbeitern zu mehr Freude und Erfolg verhelfen. Wenn die Mitarbeiter erkennen, daß ihre Arbeit für den Betrieb von Bedeutung ist, sie geschätzt und anerkannt werden und sie genauso Mitglieder einer Organisation sind wie auch der Vorstand, dann werden sie auch stolz auf ihre Leistung sein. Dieser Stolz verschafft den Arbeitnehmern den Nutzen der Freude an ihrem Beruf und den Unternehmern den Nutzen einer Produktivitätssteigerung und des Erhalts der Wettbewerbsfähigkeit. Der Boden für motivierende Prozeßsteuerung ist damit bereitet. Unternehmenskultur ist ein ordnungspolitisches Mittel. Während visionäres Management steuernd auf den prozessualen Ablauf im Betrieb wirkt, legt Unternehmenskultur den Rahmen des Handelns fest. Sie bildet die Basis für betriebliche Entscheidungen und das Fundament für Handlungen.

3. Der neue Manager: Partizipation statt Konfrontation

«Wer ein Orchester leiten will, muß andere spielen lassen!»

Der Mensch hat das tiefe Bedürfnis und die Sehnsucht, sich anderen vertrauensvoll zu überlassen, gehalten, getragen und verstanden zu werden. Diese oft unbewußte Sehnsucht geben die Menschen nicht am Betriebstor ab. Emotionen werden mit an den Arbeitsplatz genommen und fordern auch da ihren Raum. Der Manager von morgen wird diese Sehnsüchte und Bedürfnisse seiner Mitarbeiter erkennen. Er wird auf sie eingehen, ehe sich die Arbeitnehmer emotional zurückziehen.

Management by Joy heißt auch, den Menschen in seiner Ganzheit zu berücksichtigen, positiv auf ihn zuzugehen und seine Bedürfnisse und die Motive seines Handelns am Arbeitsplatz nicht unbeachtet zu lassen. Dazu reichen Lippenbekenntnisse nicht aus. Der neue Manager fängt die Emotionen seiner Mitarbeiter auf und lenkt sie in Bahnen, die sowohl ihm als auch dem Unternehmen Erfolg versprechen. Management by Joy ist keine Camouflage für alte Garden, die offiziell schön reden und inoffiziell an ihren Privilegien kleben. Wer an seinen Pfründen haftet, verwehrt auch anderen den Miterfolg. Wirkliches freude- und erfolgsorientiertes Management braucht neue Manager oder zumindest Manager, die zum Wandel bereit sind. Dabei hat das neue Management nichts mit Alter zu tun, sondern mit Bejahung von Hedonismus und Humanität.

Die Macht der positiven Erwartung

«Die Macht der positiven Erwartung», so bezeichnet Werner Correll ein Phänomen, das sich in der Erziehung und darüber hinaus im gesamten Zusammenleben der Menschen schlechthin beobachten läßt.[124] Es zeigt sich nämlich, daß, wenn wir anderen Menschen grundsätzlich mit positiven Erwartungen entgegentreten, diese in der Regel auch positiv auf uns reagieren.

124 Vgl. Correll, Werner, Menschen durchschauen und richtig behandeln, ...a.a.O., S. 78.

Viele haben es schon an sich selbst beobachtet: Wer auf andere offen und positiv zugeht, findet leichter einen «Draht» zu ihnen. Verhandlungen gestalten sich weitaus einfacher, wenn man sich von vorneherein auf eine positive Verhandlungssituation einstellt. Ob es nun daran liegt, daß wir selbst offener, gesprächsbereiter und sympathischer auf ein Gegenüber wirken, dem wir selbst positive Erwartungen entgegenbringen, oder ob wir uns mit unserer positiven Erwartung selbst besser konditionieren, läßt sich nicht so einfach beantworten. Vermutlich werden beide Aspekte eine Rolle spielen.

Ebenso wie die Macht der positiven Erwartung unsere und die Handlungen unseres Gegenübers prägt, kann auch eine negative Erwartungshaltung zu negativen Verhaltensformen führen: Ein Mitarbeiter, dem man immer wieder Faulheit unterstellt, wird mit der Zeit wirklich faul.

Voreingenommenheit gegen andere, mit denen wir ständig zusammenkommen, kann dazu führen, daß der Vor-Verurteilte die Voreingenommenheit bestätigt. Er entspricht also den Erwartungen des Voreingenommenen, der seine Vorurteile bestätigt finden möchte. In Erwartung, daß etwas schiefgeht, wird es schiefgehen.

Für den betrieblichen Bereich heißt das nichts anderes, als daß Mitarbeiter in der Regel genau jenes Verhalten zeigen werden, das der Vorgesetzte von ihnen erwartet. Ist der Vorgesetzte ein ausgesprochener Pessimist, der nicht glaubt, daß seine Abteilung ihre Ziele erreicht, so wird sie sie auch nicht erreichen.

Die pessimistische Aura eines Vorgesetzten wird sich auch den Mitarbeitern aufs Gemüt legen. Sie werden mit der Zeit ebenso überzeugt sein wie ihr Vorgesetzter, daß das Abteilungsziel nicht zu schaffen sein wird. In Erwartung des negativen Ergebnisses werden ihre Leistungen nie einen ausreichenden Level erreichen. Da eine pessimistische Gemütsverfassung auch auf das körperliche Befinden wirkt, wird in dieser Abteilung vermutlich auch der Krankenstand erhöht sein.

Ganz anders sieht es in einer Abteilung mit einem positiv eingestellten Vorgesetzten aus. Er glaubt an die Fähigkeiten seiner Mitarbeiter, die gesteckten – oft visionären – Ziele erreichen zu können. Hier ziehen alle an einem Strang. Die positive Aura dieses Managers erfaßt die ganze Abteilung und reißt sie mit. Die Mitarbeiter versuchen alles, die in sie gesetzten positiven Erwartungen zu erfüllen.

Management by Joy setzt positives Vorgesetztenverhalten voraus. In einem negativ wirkenden Umfeld kann keine Arbeitsfreude gedeihen.

Die Hawthorne-Experimente

Eigentlich sollten klassische Managementpositionen schon seit den Hawthorne-Experimenten überholt sein, die schon in den dreißiger Jahren die verhaltenswissenschaftliche Schule begründete.

Aus reinem Zufall war man damals auf die große Relevanz emotionaler Komponenten gestoßen: In den Hawthorne-Werken hatte man damals erforschen wollen, inwieweit die Veränderung von Arbeitsbedingungen die Arbeitsproduktivität beeinflußt. So veränderte man zum Beispiel die Lichtstärke, um den Einfluß der Lichtverhältnisse auf die Leistung der Arbeiter herauszufinden.

Tatsächlich stieg mit der Verstärkung der Helligkeit auch die Produktivität der Arbeiter an. Was aber überraschte und zu der neuen Managementschule führte, war der Umstand, daß, wenn nach diesem Experiment die Helligkeit wieder zurückgenommen wurde, die Arbeitsproduktivität noch weiter anstieg.

Dieses Ergebnis verblüffte die Forscher derart, daß sie durch ständige weitere Untersuchungen bei Variation diverser Einflußfaktoren, wie Ruhepausen, Entlohnungssystem, Verkürzung des Arbeitstages, dem Phänomen auf die Spur zu kommen versuchten. Immer wieder zeigten sich die gleichen Ergebnisse. Nach Rücknahme der diversen Anreizsysteme ging die Produktivität nicht etwa zurück, sie blieb weiterhin auf hohem Niveau.

Schließlich fand man die Lösung: Die Produktivitätssteigerungen lagen nicht an der Veränderung der Arbeitsbedingungen, sie hatten emotionale Gründe. Die Aufmerksamkeit, die den Arbeitern durch die Forscher und die Vorgesetzten entgegengebracht wurde, verdrängte die Isolation der einzelnen.

Diese nach dem Unternehmen Hawthorne-Effekt getaufte Erkenntnis legte den Grundstein für eine neue Denk- und Managementrichtung, die den Menschen nicht nur als Objekt, sondern auch als Subjekt im Arbeitsumfeld begriff. Die motivierende Wirkung von Anerkennung wurde hier zum ersten Mal begriffen.[125]

---

125 Vgl. zum «Hawthorne-Effekt»: Roethlisberger, F.J./Dickson, W.J., Management and the worker, Cambridge/Mass. 1939, 16. Auflage 1975.

Was ist eine Führungskraft?

Ernst Bechinie stellt in dem Artikel «Wie überlebe ich in der Komplexität?»[126] die Frage, ob Fähigkeiten hinsichtlich Führung nennenswert beeinflußbar sind.

Ist Führung lernbar oder angeboren? Es wird von Führungskräften verlangt, ihre Mitarbeiter zu motivieren, ihnen visionäre Zukunftsbilder zu entwerfen, sie am Erfolg partizipieren zu lassen, ihnen bei der Zusammenarbeit auf einer demokratischen Ebene zu begegnen. Wie machen sich Führungskräfte fit für eine solche Aufgabe? Können sie sich überhaupt dafür fit machen, oder ist die Fähigkeit, solchen von Zeit zu Zeit wechselnden Anforderungen an Führungsqualitäten zu entsprechen, angeboren? Es ist auch die Frage danach, wie eine Führungskraft es schafft, sich selbst langfristig für solche Aufgaben zu motivieren.

Ernst Bechinie nennt sechs wichtige persönliche Voraussetzungen in Führungssituationen:

1. Zum ersten müssen solide Unternehmenskenntnisse vorhanden sein. Die Hauptakteure, die Werte, die ungeschriebenen Grundsätze und die Geschichte des Unternehmens müssen ebenso bekannt sein wie Kenntnisse der Branche zum Beispiel über Abnehmer, Produkte, Technologien und Konkurrenzsituationen.

2. Es muß eine hohe soziale Fähigkeit im Entwickeln und Erhalten von Beziehungen zu sehr unterschiedlichen Menschen innerhalb und außerhalb des Unternehmens vorhanden sein.

3. Führungserfolg hängt auch von guten analytischen Fähigkeiten in Verbindung mit der Fähigkeit zum strategischen und mehrdimensionalen Denken ab.

4. Eine hohe Reputation aufgrund zurechenbarer eigener Leistungen gehören ebenso zu den persönlichen Voraussetzungen in Führungssituationen wie

126 Bechinie, Ernst, Erfolgsfaktoren und -strategien für die Führung: Wie überlebe ich in der Komplexität? (Gabler's Magazin, Heft 12/1990, S. 18 ff.).

5. ein hohes Energieniveau, verbunden mit dem Willen zur Führung.

6. Eine belegte Integrität und Abschätzbarkeit sind weitere Faktoren.[127]

Ernst Bechinie zeigt mit dieser Auflistung an Eigenschaften und Fähigkeiten, die seiner Meinung nach Vorbedingung erfolgreicher Führung sind, daß sich eine Führungskraft nicht nur auf die rationalen Komponenten, sondern auch auf emotionale Komponenten beziehen muß. Bechinie nennt allgemeine Erfolgsfaktoren, die allerdings für Management by Joy noch Modifikationen und Erweiterungen erfahren müssen. Die genannten sechs Voraussetzungen für die persönliche Erfolgsstrategie von Managern lassen das Einfließen neuer ethischer Werte vermissen. Die genannten Aspekte sind sehr eng mit herkömmlichen Karrieremustern verknüpft. Gleichzeitig sind sie so allgemein definiert, daß sie Spezifizierungen in unterschiedliche Richtungen durchaus vertragen.

Neue Forderungen an Führungskräfte

Der Manager von heute muß sympathische Gefühle übermitteln können, denn Sympathie wird zum Managementargument. Rational läßt sich Führung heute kaum noch vermitteln, denn die Menschen wollen frei entscheiden oder zumindest große Entscheidungsfreiräume eingeräumt bekommen. Deshalb muß Führung heute emotional angelegt sein.

Ulrike Brommer faßt die Voraussetzungen, die an eine mitarbeiterorientierte Führungskraft gestellt werden, folgendermaßen zusammen:

«Eine mitarbeiterorientierte Führungskraft muß

- mehr überzeugen als anordnen,
- ein Team formen, häufige Personalversammlungen abhalten und umfangreichen Informationsaustausch ermöglichen,
- andere auffordern, ihren Beitrag einzubringen (zum Beispiel in Form von Verbesserungsvorschlägen) und diese aber auch dann berücksichtigen,

127 Vgl. ebenda. S. 19 ff.

- Einfühlungsvermögen für die Interessen und Probleme anderer zeigen und
- Anerkennung für gute Leistungen zollen.»[128]

Diese Anforderungen werden auch als «weiche» Managerqualitäten bezeichnet. Immer mehr Firmen erwarten von ihren leitenden Mitarbeitern, daß diese nicht nur mit Zahlen jonglieren können und spezielles Fachwissen einbringen, sondern daß sie auch diese menschenorientierten Qualifikationen aufweisen. Erst mit Hilfe ihrer «weichen» Qualitäten ist eine Führungskraft in der Lage, eine Atmosphäre gegenseitigen Vertrauens zu schaffen, die eine gemeinsame Zielverfolgung und einen optimalen Leistungseinsatz möglich macht.

Ulrike Brommer hält es für immens wichtig, daß den Mitarbeitern Unternehmensgrundsätze und Unternehmensziele bekannt gemacht werden. Erst dadurch werde eine Identifikationsbasis geschaffen, «denn für Ziele und Aufgaben, die wir als erstrebenswert und wertvoll erkannt haben, können wir uns wesentlich effizienter einsetzen als für solche, deren Wert wir nur vage ahnen können oder gar anzweifeln.»[129]

Fehlt dieses gemeinsame Fundament, dann seien Mitarbeiter nicht motiviert, zeigten kein besonderes Engagement, betrachteten ihre Arbeit als reine Einnahmequelle und könnten ihre persönlichen Ziele nicht verwirklichen. Dies führe zu einer lustlosen Arbeitsauffassung, die die Quelle der persönlichen Befriedigung durch Leistung vom Arbeitsplatz in den Freizeitbereich verlagere.[130]

Peter Friederichs hält ähnliche Basispotentiale von Managerpersönlichkeiten für notwendig. Er nennt folgende Faktoren:

- *Verhaltensbeeinflussung*
  Hierunter zählt Friederichs Interventionstechniken, die für Motivation, Delegation und Kontrolle notwendig sind.
- *Teamfähigkeit*
  Statusfragen treten in den Hintergrund, und die Fähigkeit zur Zusammenarbeit von Personen unterschiedlicher fachlicher Herkunft wird

128 Brommer, Ulrike, Erfolg durch Identifikation und Motivation der Mitarbeiter, Selbstmotivierungskräfte kultivieren (Gabler's Magazin, Heft 12/1990, S. 24).

129 Vgl. ebenda.

130 Vgl. ebenda.

immer wichtiger. Techniken der Teamarbeit müssen für die Dominanz von Sachargumenten sorgen.

- *Expertenschaft im Einsatz von Experten*
  Führungskräfte müssen darüber entscheiden, wann sie welche Unterstützung von zusätzlichen Experten benötigen und wie welcher Experte einzusetzen ist.
- *Kommunikationsfähigkeit*
  Auch diese Managerfähigkeit ist für die Motivation durch Beteiligung von Mitarbeitern eine selbstverständliche Funktion des Managements. Informations- und Kommunikationseinflüsse im Unternehmen müssen sichergestellt und Kommunikationsbarrieren überwunden werden. Diese Fähigkeit schließt auch die Überwindung von Fachsprachen und die Aufhebung von Abteilungsdenken ein.
- *Konfliktfähigkeit*
  Konflikte, wie sie zwischen Zielen, Mitteln und/oder Personen entstehen, müssen in Angriff genommen und bewältigt werden. Optimales Konfliktverhalten und Kenntnisse wie Beherrschung von Formen der Konflikthandhabung gehören deshalb zum Potential einer Managerpersönlichkeit. Die Entwicklung von Problemlösungsstrategien gehört ebenso in diesen Bereich.
- *Fähigkeit zur Lösung diffuser Probleme*
  Selten liegen bei unternehmerischen Problemstellungen alle Informationen vor. Es gehört deshalb zum erfolgreichen Management, auch schlecht überschaubare Probleme zu erkennen und definieren zu können.
- *Bewältigung kontroverser Zielsetzungen*
  Um für diese Anforderung fit zu sein, braucht der Manager die Fähigkeiten der Prioritätensetzung, Entscheidungsbereitschaft und eine konzeptionelle Gesamtsicht. Er muß mit Unsicherheiten durch Zwei- oder Mehrdeutigkeit von Zielen, Aufgaben, Problemen oder Konsequenzen umgehen können.
- *Signalsensibilität*
  Signale aus der Umwelt, die Veränderung, das heißt Gefahren und Chancen für Erfolge, andeuten, müssen frühzeitig erkannt werden.
- *Lernfähigkeit und -bereitschaft*
  Das zunehmende Tempo von Innovationen und auch sonstige gesamtgesellschaftliche Veränderungen erfordern vom Manager eine ständige Bereitschaft, sich neues Wissen und neue Erfahrungen anzueignen.

- *Innovationsorientierung*
  Die angesprochene Beschleunigung des Innovationstempos stellt neue Bedingungen an die Kreativität der Manager. Höchste geistige Flexibilität, Neugier und Eigenständigkeit im Denken sollte ein Manager, der dieser Anforderung genügen will, mitbringen.
- *Wertebewußtsein*
  Die Pflege der Unternehmenskultur, die Identifikation mit Unternehmenszielsetzungen und das Wissen um deren Bedeutung sind Basiswerte, die notwendig für das Treffen von Entscheidungen und die Durchführung von Maßnahmen sind.[131]

Friederichs unterstützt mit seinem Anforderungsprofil den Gedanken der Kooperation, Verhaltensbeeinflussung und Kommunikation im Unternehmen. Für ihn kann eine Führungskraft nur dann erfolgreich sein, wenn sie über ein flexibel einsetzbares Repertoire an sozialen Verhaltensweisen verfügt. Obwohl seines Erachtens das Bild vom Manager in den Unternehmen stark differiert und kein Unternehmen deshalb darauf verzichten sollte, für sich eine Vision vom Manager zu definieren und diese Beschreibung bei Suche, Auswahl, Integration und Entwicklung zugrunde zu legen, hat er doch einige wenige Basispotentiale beschrieben, die Allgemeingültigkeit haben.[132]

Höflichkeit und Motivation

Rosemarie Wrede-Grischkat[133] hat ein erstes Etikett-Buch für Führungskräfte geschrieben. In den letzten ein bis zwei Jahren wurde vor allem durch das Erscheinen dieses Buches das Thema Manieren und Karriere diskutiert.

Eigentlich sollte Höflichkeit im Umgang miteinander auch im Unternehmen eine Selbstverständlichkeit sein. Daß ein Buch zum Diskussions-

---

131 Vgl. zu diesen Anforderungen: Friederichs, Peter, Fach- und Führungskräfte: Auswahl, Integration und Entwicklung (Feix, W.E. (Hrsg.), Personal 2000, Vision und Strategien erfolgreicher Personalarbeit, Wiesbaden 1991, S. 118 ff).

132 Vgl. ebenda, S. 118.

133 Wrede-Grischkat, Rosemarie, Manieren und Karriere, Verhaltensnormen für Führungskräfte, Frankfurt/Wiesbaden 1990.

gegenstand wird, das sich mit Verhaltensnormen für Führungskräfte auseinandersetzt, deutet darauf hin, daß Höflichkeit am Arbeitsplatz noch nicht gemeinhin praktiziert wird. Die Tätigkeit von Führungskräften besteht bis zu 80 Prozent aus Kommunikation. Das häufigste Kommunikationsmittel der Manager ist dabei das Gespräch. Die Höflichkeit, die ein Vorgesetzter seinen Mitarbeitern entgegenbringt, ist ein Spiegel seiner persönlichen Wertschätzung.

Verhält sich ein Manager einem Mitarbeiter gegenüber unhöflich, so fühlt sich dieser herabgewürdigt und als Person nicht respektiert. Nicht allein Gesprächsführungstechniken prägen die Wirkungen des Gesprächs auf das Gegenüber, sondern auch die Höflichkeit im Umgang miteinander.

Höflichkeit spiegelt nicht nur Respekt dem Gesprächspartner gegenüber wider, sondern verschafft auch dem Höflichen mehr Respekt. Führungskräfte haben eine Vorbildfunktion. Von ihnen erwartet man gemeinhin, daß sie nicht «aus der Rolle fallen». Höflichkeit wirkt positiv.

Höflichkeit schafft eine Atmosphäre, die motivationssteigernd wirkt. Wer durch den höflichen Umgang miteinander spürt, daß er als Person respektiert wird, ist bereit, mehr zu leisten als jener, über dem die groben Manieren des Chefs wie ein Fallbeil hängen. Es kann ihn jederzeit treffen! Unhöfliches Verhalten schafft jene «Wut im Bauch», die nicht nur für Herzinfarkte, sondern auch für «innere Kündigungen» verantwortlich ist.

Der «überspringende Funke»

Oft hat der Mitarbeiter heute mehr Fachwissen als sein Vorgesetzter. Der betriebliche Ablauf ist so untergliedert, daß die einzelnen Mitarbeiter in ihrer Sparte Spezialwissen anhäufen, das der Vorgesetzte in diesem Umfang nicht haben kann. Um so wichtiger wird für den Vorgesetzten, daß seine Mitarbeiter ihn sozial akzeptieren. Sie dürfen ihn in prekären Situationen nicht auflaufen lassen, sondern müssen ihn in jeder Situation unterstützen.

Unterstützung durch seine Mitarbeiter wird ein Vorgesetzter aber nur dann erfahren, wenn er den Mitarbeitern seine soziale Kompetenz beweist. Seine übergeordneten persönlichen Eigenschaften müssen stärker herausgebildet sein, sonst wird er Frust beim Arbeitnehmer erzeugen. Wenn der Arbeitnehmer über seinen Vorgesetzten denkt: «Das kann ich auch, fachlich bin ich sogar besser!», dann ist der erste Grundstein zur inneren Emigration gelegt.

Führungskraft zu sein, das heißt heute – wie gezeigt worden ist – Kommunikation und Zusammenarbeit zu steuern. Eine gute Führungskraft muß die Mitarbeiter führen und ihren Fähigkeiten entsprechend einsetzen. Sie muß sie motivieren und durch das Projizieren von Visionen ihrer Arbeit einen Sinn geben. Damit diese Steuerung von der Mitarbeiterseite akzeptiert wird, bedarf es aber noch eines weiteren Faktors, nämlich dem des «überspringenden Funkens».

Es gibt kein Patentrezept, wie dieser «überspringende Funke» erzeugt werden kann. Bei dem einen gründet er sich auf charismatische Züge, bei dem anderen auf die Weitergabe von Begeisterungsfähigkeit. Wieder andere werden aufgrund von vertrauenseinflößenden Charaktereigenschaften akzeptiert, oder ihre Spontaneität und Risikobereitschaft reißt alle mit.

Die Beherrschung von Führungstechniken reicht für die Akzeptanz der Führung nicht aus. Beste Voraussetzungen, daß der berühmte Funke überspringt, bieten aber auf jeden Fall Offenheit, Ehrlichkeit und menschliche Übereinstimmung.

Mitarbeitern Joy zu verschaffen, hilft, die nötige Akzeptanz zu erreichen. Management by joy hilft, die Wege zum Mitarbeiter zu ebnen. Wer sich am Erfolg beteiligt sieht, wer Freude über den eigenen Erfolg empfindet, der ist offen auch gegenüber Vorgesetzten. Die Förderung der Partizipation, das Miteinander statt Gegeneinander, bieten eine gute Basis zur Akzeptanz des Primus inter pares, des «Ersten unter Gleichen».

Neue Leistungsethik

Prof. Günter Spur bezeichnet mit «neuer Leistungsethik» die Verbindung von hohem Engagement im Beruf mit hohem Vergnügungsniveau. Diese neue Leistungsethik wird vor allem von jungen Managergenerationen in die Unternehmen getragen.

Die älteren Managergenerationen, die noch in traditionellen Wertmustern gefangen sind, begreifen diese neue Strömung nur schwer. Andere, neue Werte schwappen in ihr Umfeld, denen sie nicht die gleiche Kraft zur Unterstützung der Unternehmensziele zutrauen wie den alten Pflicht- und Akzeptanzwerten.

Vor allem die Jugendlichen, denen gerade von der älteren Generation oft Leistungsunwille, Resignation und Erlahmen der Karrieremotivation vorgeworfen wird,[134] folgen einem neuen Konzept von Arbeit. Es lautet: «Arbeit ist Teil eines glücklichen Lebens.»[135] Dies bedeutet ja nichts anderes als die Zulassung von Emotionen auch am Arbeitsplatz. Manager müssen sich wieder auf den Menschen einlassen. Der Mitarbeiter ist keine Maschine, die nach abgeschlossener Programmierung einwandfreie Unternehmensleistung erbringt. Arbeitszeit ist Lebenszeit, und das Leben hat keine Zeit, auf ein Wochenende oder den Feierabend verschoben zu werden.

Die japanische Konfliktlösung

Die japanische Arbeitsweise gibt ein Beispiel dafür, wie Probleme durch gemeinsames Arbeiten statt durch Konfrontation gelöst werden können. John E. Rehfeld, der seit mehr als 10 Jahren in japanischen Weltunternehmen arbeitet, berichtet über japanischen Führungsstil folgendes: «Niemand wurde in der Diskussion der Gründe für unsere schlechte Leistung emotional, alle blieben völlig gelassen und konzentrierten sich auf die Lösung des Problems. Keinen schien im mindesten zu interessieren, wer denn nun der Schuldige ist. Statt mir etwa Vorwürfe zu machen und mich dadurch in die Defensive zu treiben, berieten alle mit mir darüber, was schief läuft und wie man das ändern kann. Von Stund an fühlte ich mich als Mitglied der Mannschaft und arbeitete noch weit härter, um aus unserem Tief herauszukommen. Ich begriff, daß andere im Unternehmen mir vertrauten und bemühte mich, dem gerecht zu werden.»[136]

Die ungeheure Motivationswirkung eines solchen sanktionsfreien Vorgehens ist einer der Grundpfeiler des japanischen Wirtschaftserfolgs. Schuldzuweisungen, wie sie andernortes üblich sind, haben hier keinen Platz. Der nüchterne, sachliche Stil, mit Fehlleistungen umzugehen, gibt denen, die die schlechte Leistung erbracht haben, keinen Raum für Recht-

---

134 Vgl. Gerken, Gerd, RADAR für TRENDS, Zukunfts–Letter Nr. 20, Nov. 1989

135 Vgl. ebenda

136 Rehfeld, John E., Japan I, Methoden, die sie nicht kennen – ein Topmanager berichtet (Havard Manager, Theorie und Praxis des Managements, 13. Jg., Heft 3, III. Quartal 1991, S. 84).

fertigungsgezänk. Diese Energien werden gespart und in die Problemlösung investiert. Es scheint merkwürdig, daß für schlechte Leistungen keine Erklärungen verlangt werden.

Andererseits stellen die Japaner mit dieser Vorgehensweise die unternehmerische Verantwortung der Führungskräfte heraus. Der Unternehmensleiter, dem niemand mehr vorgesetzt ist, wird ja auch nicht zur Rechenschaft gezogen. Ihn bestraft der Markt. In diesem Punkt werden japanische Führungskräfte Unternehmern gleichgesetzt: Wenn sie sich in ein Problem hineinmanövriert haben, müssen sie daran arbeiten, wieder herauszufinden.

Ein nach herkömmlichem – westlichem – Muster in die Enge getriebener Manager ist emotional so stark aufgeladen, daß ihm die Bewertung der Alternativen zur Lösung des Problems oft nicht optimal gelingt. Zu sehr spielt die negative emotionale Komponente eine Rolle. In die Enge getrieben, sind alle seine Kräfte auf Abwehr eingestellt. Durch die Kritik der anderen ist sein Territorium verletzt. Um die Grenzen zu sichern, muß er in die Offensive gehen. Die Aggressivität, die in dieser Szenerie zum Ausdruck kommt, wirkt leistungshemmend. Zwar wird durch die kurzzeitige Ausschüttung des Streßhormons Adrenalin der Körper in Alarm- und damit in Leistungsbereitschaft versetzt, dieser Zustand wird dann aber oft nicht für unternehmenszweckgerichtete Aktivitäten, sondern lediglich zur Gegenwehr genutzt. Der Effekt verpufft.

Modelle der Partizipation von Mitarbeitern – Beispiele aus der Praxis –

Es gibt viele Wege, Mitarbeiter teilhaben zu lassen. Möglichkeiten ergeben sich sowohl im reinen Produktionsbereich als auch für den organisatorischen Bereich eines Unternehmens. Die zentrale Frage lautet: woran soll ein Mitarbeiter beteiligt werden? Wie kann ein Betrieb auf sein Bedürfnis nach Entscheidungsfreiräumen und Verantwortungsübernahme eingehen? Was verschafft ihm mehr Arbeitsfreude?

Soll die Mitarbeiterbeteiligung eher reell oder ideell sein? Reicht den Mitarbeitern eine finanzielle Beteiligung, zum Beispiel über Unternehmensanteilsscheine aus, um ihren Partizipationswunsch zu erfüllen? Oder ist eher und stärker eine ideelle Beteiligung gemeint, die dem Mitarbeiter größere Entscheidungsfreiräume einräumt und Verantwortung übergibt? Und wenn die ideelle Komponente die wesentlichere darstellt: Wie soll diese ideelle Beteiligung ausgestaltet sein?

Ein Blick auf erfolgreiche Partizipationsmodelle soll helfen, noch offene Fragen zu klären.

Klöckner Edelstahl GmbH

Daß das Steuer auch in schwierigen Branchen herumgerissen werden kann, zeigt die Entwicklung der Klöckner Edelstahl GmbH.

Das Unternehmen, vormals Klöckner-Profilstahlwerk Georgsmarienhütte, schaffte es bei einem Umsatz von etwa einer halben Milliarde DM im Geschäftsjahr 89/90 (Bilanzstichtag: 30. September), aus 120 Millionen DM operativem Verlust eine schwarze Null zu machen.[137]

Jürgen Großmann, ein ambitionierter Nachwuchsmanager auf der Suche nach neuen Aufgaben, bescherte dem ehemals maroden Stahlhersteller diese positive Wende.

Aus der Einsicht heraus, daß ein angeschlagenes Unternehmen nicht durch die Mitarbeiter in den unteren Hierarchiestufen, sondern durch diejenigen in den oberen Bereichen krankgemacht wird, begann er, «die Treppe von oben zu kehren.» So entließ er 13 Hauptabteilungsleiter oder entband sie zumindest von ihrer Funktion.

Für die zusammengestrichenen Hauptabteilungen suchte er sich fähige Leute aus der zweiten Reihe oder holte sich Fachleute von außen. In den technischen Betrieben entrümpelte er die Hierarchie durch die Streichung der zwischen Betriebsleitern und Meistern angesiedelten Betriebsingenieure samt Assistenten.

Eine neue Kommunikationskultur unterstützte die neue Personalpolitik. Großmann fordert den Widerspruch. Er nennt das eine Streitkultur, Jasager bringen – nicht nur seiner Meinung nach – keine kreativen Leistungen.

Durch regelmäßige Treffen erreicht er, daß die Mitarbeiter nicht nur mitdenken, sondern daß das Ergebnis des Mitdenkens auch in die richtigen Bahnen gelenkt wird. Jeden Werktag um 8.30 Uhr treffen sich etwa zwei Dutzend leitende Mitarbeiter aus Produktion, Logistik und Verkauf und technischen Diensten zum sogenannten Morgengebet. Dies dient der

---

137 Vgl. hierzu und zum folgenden: Hoffmann, Klaus, Schliff nach Drehbuch (Manager Magazin, 21. Jg., Heft 6/1991, S. 177 ff.).

Besprechung aktueller betrieblicher Tagesprobleme. Großmann selbst tritt hier nicht in Erscheinung. Er ist an den monatlichen Treffen beteiligt, die außerdienstlich in lockerer Atmosphäre stattfinden und bei denen Mittel- und Langfriststrategien erörtert werden. Hierbei soll, laut Großmann, auch der Spaß nicht zu kurz kommen.

Neben der Etablierung eines neuen Führungsstils, der Entrümpelung von Hierarchiestufen und dem Schaffen einer neuen Kommunikationskultur bemüht sich Großmann auch um sichtbare Zeichen zur Etablierung einer neuen Unternehmenskultur:

Dem ziemlich verschlampten Werksareal, das in krassem Widerspruch zum neuen Qualitätsbegriff stand, rückten an einem arbeitsfreien Sonnabend mehr als 500 Mitarbeiter, das Management, Bürgermeister und Stadtdirektor vorneweg, in einem großen Frühjahrsputz zu Leibe. «Sie fegten, pinselten, schnitten Hecken, mähten den Rasen, pflanzten Bäume und sammelten Schrott, der zugunsten der Firmenkasse im werkseigenen Konverter geschmolzen wurde. Zum Frühstück gab es Kaffee und belegte Brötchen. Nach getaner Arbeit spendierte Großmann aus eigener Tasche vor den Werkstoren Bier und Bockwurst und provozierte Volksfeststimmung.»[138]

Damit glückte Großmann ein Coup. Diese Aktion machte intern und extern Furore. Intern wurde der Belegschaft damit ein Zeichen gegeben, auf das alle gewartet hatten. Dieses Saubermachen hieß, daß Stillegung kein Thema war und es wieder aufwärts ging. Die Motivation stieg erheblich.

Extern richtete das Unternehmen damit das Interesse der Öffentlichkeit auf sich und zeigte, daß man mit ihm noch rechnen konnte. Die positive Darstellung nach außen wurde von Großmann noch weiter betrieben: Tage der offenen Tür, Vernissagen, ein Verein ehemaliger Mitarbeiter und ähnliches machten die Georgsmarienhütte wieder zu einem interessanten Teil der Region.

Die Motivation der Mitarbeiter beschränkte sich aber nicht auf einzelne Aktionen. Fast jeder zweite Mitarbeiter nahm die ihm angebotenen weiterbildenden betrieblichen Maßnahmen an und qualifizierte sich für einen neuen Arbeitsplatz, denn innerbetriebliche Umsetzungen ließen sich nicht vermeiden.

---

138 Vgl. ebenda, S. 179.

Wichtig war für Großmann vor allem auch eine Qualitätsverbesserung in allen Produktionsstufen. Mit Quality Circles, intensiven Schulungen und Plakataufrufen wurde an einer Verbesserung der Qualitäten und einem höheren Qualitätsbewußtsein durch die Mitarbeiter gearbeitet.

Das Konzept von Großmann ist aufgegangen. Heute sagt er nicht ohne Stolz: «Früher hat uns die Konkurrenz oft totgesagt. Heute kommt man zu uns und guckt, wie wir das machen.»![139]

Das Konzept von Großmann ist auch deshalb aufgegangen, weil er sich nicht auf eindimensionale Lösungsmodelle beschränkt hat. Mit kulturbildenden Maßnahmen hat er einen neuen Ordnungsrahmen geschaffen, der das Fundament weiterreichender motivational wirkender Maßnahmen ist. Ein partizipativer Führungsstil ergänzt diesen Ordnungsrahmen. Verstärkte Information und eine neue Kommunikationskultur steuern den Betriebsablauf in einer Weise, die den Mitarbeitern und ihren Vorgesetzten Freude an der Arbeit vermittelt. Die Entrümpelung der Hierarchiestufen und die Übertragung von Verantwortung an die Mitarbeiter lassen sie am Erfolg partizipieren. Hier sind Grundvoraussetzungen für Management by Joy geschaffen worden.

Das Webasto-Modell

Neben der Mitarbeiterbeteiligung an Planung, Entscheidung und Durchführung von Maßnahmen, die Mitarbeitern zeigen, daß auf ihre geistigen Kapazitäten Wert gelegt wird, wirken auch Beteiligungsmodelle, die erfolgsgebunden finanzielle Beteiligungen in Aussicht stellen, leistungssteigernd.

Ein Beispiel für ein gelungenes Beteiligungsmodell gibt die Firma Webasto AG, deren Sitz in Stockdorf bei München ist.

Webasto, führender Hersteller von Schiebedächern, Autoheizungen und Klimaanlagen, motiviert die Mitarbeiter unter anderem durch die Förderung von Vermögensbildungsmaßnahmen im Betrieb.

Die Webasto-Mitarbeiter-Beteiligungs-Gesellschaft (WMBG) fördert die finanzielle Beteiligung der Mitarbeiter an ihrem Betrieb folgendermaßen: Über das 936-Mark-Gesetz stellt der Mitarbeiter dem Unternehmen Produktivkapital zur Verfügung, für das er von Webasto Prämien von rund zwölf Prozent erhält.

---

139 Vgl. ebenda, S. 181.

Auf der Basis jährlich erbrachter Leistungen werden außerdem Gratis-Anteilsscheine vergeben, die im Durchschnitt 300 DM bis 500 DM wert sind. Daneben bekommt jeder Mitarbeiter noch eine Dividende auf seine stille Beteiligung, die sich an der Umsatzrendite orientiert.[140]

Das Drei-Säulen-Modell der Webasto AG schafft also durch finanzielle Anreize, die zum Teil leistungsgebunden sind, eine verstärkte Identifikation und Leistungsbereitschaft bei den Mitarbeitern.

Auf Dauer kann ein solches finanzielles Anreizsystem jedoch nur dann Früchte tragen, wenn auch die sonstigen Arbeitsbedingungen so beschaffen sind, daß die Persönlichkeit jedes Mitarbeiters berücksichtigt wird.

Bei der Webasto AG ist dies einkalkuliert worden. Durch gezielte Kommunikationsentwicklung wurde eine offene Kommunikationskultur geschaffen, die das Beziehungsklima positiv beeinflußt.[141]

Ein positives Beziehungsklima ist eine der Voraussetzungen für ein nichtblockiertes Arbeiten. Kommunikationsprozesse machen das Beziehungsgeflecht und die Netzwerke innerhalb des Betriebes und auch nach außen transparenter. Damit werden zwar, wie auch Werner Bayer, der Vorstandsvorsitzende der Webasto AG, feststellt, unterschiedliche Strömungen im Unternehmen nicht ausgeschaltet, aber dadurch, daß sie an Transparenz gewinnen, kann man sie bearbeiten.[142]

Die Schaffung eines positiven Beziehungsklimas wird im Unternehmen als vorrangige Aufgabe verstanden. So heißt die grundlegende Vision der Webasto Unternehmens- und Personalpolitik: das Erreichen eines angstfreien Miteinanders.[143]

Diese bei Webasto als Vision verstandene Aufgabe der Personalarbeit soll Energien freisetzen, die sonst durch die Anstrengungen zur Verbergung der Ängste gebunden sind. Hierfür nennt Hans-Peter Moser, Bereichsleiter Personal der Webasto AG, folgende Beispiele: «Vorgesetzte verhindern aus Konkurrenzangst die Entwicklung ihrer Mitarbeiter; Mitarbeiter lernen nichts Neues, weil sie glauben, es nicht zu können und so nur sicheren Boden verlassen würden; bestimmte Informations- und Kommunikationsprozesse nach innen und nach außen unterbleiben aus Angst,

---

140 Vgl. dazu: Altmann, Hans Christian, Motivation der Mitarbeiter ..., a.a.O., S. 149 ff.

141 Vgl. hierzu: Weber, Dieter, Die Chancen durch den Leidensdruck (Management Wissen Heft, 4/1991, S. 28 ff.).

142 Vgl. ebenda, S. 33.

143 Vgl. Moser, Hans-Peter, Bausteine einer visionären Personalpolitik: Ein angstfreies Miteinander (Feix, W.E. (Hrsg.), Personal 2000, a.a.O., S. 379).

zurückgewiesen zu werden; Mitarbeiter machen Überstunden, weil der Vorgesetzte dies erwartet und riskieren dafür lieber Konflikte in der Partnerschaft, nur weil sie die Auseinandersetzung mit ihrem Vorgesetzten scheuen.»[144]

Die Webasto AG hat die Angst als übergreifendes Moment der Blockade menschlicher Arbeitsleistung erkannt. Dieser Blockade versucht das Unternehmen durch gezielte Maßnahmen, die der Vision «angstfreies Miteinander» entsprechen, entgegenzuwirken.

Eine zentrale Stellung bei dieser Aufgabe nimmt die Webasto-Akademie ein. An ihren Programmen haben sich in den Jahren 1987 und 1988 bereits 250 Mitarbeiter beteiligt, und auch weiterhin wird eine hohe Beteiligung erwartet.

Für die Firma bedeutet das eine Investition von jährlich durchschnittlich zehn Seminartagen pro Mitarbeiter ohne Berücksichtigung der fachspezifischen Weiterbildung.[145] Die angebotenen Seminare sollen helfen, den Angstpegel zu senken, und gleichzeitig sollen sie Mut aufbauen. Mitarbeiter sollen ihre Möglichkeiten zur Entwicklung der eigenen Persönlichkeit erkennen und steuern.

Die Programme sind auf die Bedürfnisse und das Aufgabengebiet der jeweiligen Mitarbeitergruppe zugeschnitten. «Zu den Zielgruppen zählen Facharbeiter, Meister, Sachbearbeiter, Hochschulabsolventen, Sekretärinnen, Führungskräfte, Betriebsräte, Vorstände und auch die Lebenspartner unserer Mitarbeiter.»[146]

Das Spektrum des angebotenen Programms und die Einbeziehung von Zielgruppen unterschiedlicher Hierarchiestufen (und sogar deren Lebenspartner) zeigt, daß die Webasto AG den Menschen als Ganzheit berücksichtigt. Das Unternehmen hat erkannt, daß negative Emotionen sowohl den Erfolg des Mitarbeiters als auch den Erfolg des Gesamtunternehmens hemmen. So ist dieses Modell ganz eindeutig auf die emotionale Komponente des Menschen abgestimmt.

Die Unternehmens- und Personalpolitik der Webasto AG geht noch weiter: Mit Trainee-Programmen, Job Enrichment und Job Rotation demonstriert das Unternehmen eindrücklich, daß es sich bei dem Plädoyer für die Erneuerung und Neubesinnung im menschlichen Miteinander nicht

---

144 Vgl. ebenda, S. 379 ff.

145 Vgl. ebenda, S. 384.

146 Vgl. ebenda.

nur um Lippenbekenntnisse, sondern um ernstgemeinte Vorhaben handelt. Die Webasto AG ist überzeugt, daß durch das Anstreben eines angstfreien Miteinanders zwingend die Fehlzeitenquote zurückgeht. Dies nimmt sie als kurzfristigen Gradmesser für den Erfolg der Vision und der Partizipationsbestrebungen. Den langfristigen Gradmesser stellt die Überlebensfähigkeit des Unternehmens dar. Mit der Unterstützung der Arbeitsfreude der Mitarbeiter durch angstfreies Miteinander und die direkte Erfolgsbeteiligung macht sich die Webasto AG fit für die Zukunft.

Das Megerle-Modell

Für Rainer M. Megerle ist die Antwort auf die weiter oben gestellte Frage nach der ideellen oder reellen Beteiligung der Mitarbeiter einfach. Seiner Erfahrung nach steckt die Lösung darin, aus Mitarbeitern in der Theorie Mitunternehmer in der Praxis zu machen.[147]

Für Megerle stehen nicht Umsatz, Gewinn oder das Produkt im Mittelpunkt, sondern die Menschen, die das alles zustande bringen. Geschäfte sind für ihn Kontakte über Menschen, daher sind die Mitarbeiter auch immer das wichtigste Erfolgspotential und das wertvollste Gut eines Unternehmens. «Stimmt der Mensch, dann stimmt das Unternehmen.»

Megerle sieht als Grundbedingung für die hohe Motivation, aus der erst Spitzenleistungen entstehen können, die Identifikation an.

Identifikation kann aber nur dann erreicht werden, wenn dem Mitarbeiter das, womit er sich identifizieren soll, bekannt ist. Das bedeutet auch, daß er von vornherein in die Entscheidungen miteingebunden werden muß. Und nicht nur in die Entscheidungen, sondern auch in die vorgelagerten Planungen.

Mitarbeiter, die an der Formulierung der Unternehmensziele beteiligt waren, werden sich für diese Ziele einsetzen, als wären es ihre eigenen. Megerle erreicht damit eine primäre Motivierung, das heißt die Mitarbeiter erfahren eine Befriedigung ihrer Grundmotive. Sie betrachten Arbeit nicht mehr nur als Mittel zum Zweck, zur Ermöglichung höherwertiger Ziele, sondern sie arbeiten, weil ihnen die Arbeit selbst Befriedigung verschafft.

---

147 Vgl. hierzu Megerle, Rainer M., Bausteine einer visionären Personalpolitik: Motivationsmanagement (Personal 2000, Visionen und Strategien erfolgreicher Personalarbeit, hrsg. v. Wilfried E. Feix, Wiesbaden 1991, S. 399 – 415).

Die Firma Megerle AG gibt ein Beispiel dafür, daß Unternehmen auch die gesamte Persönlichkeit ihrer Mitarbeiter einbeziehen können, ohne selbst Verluste zu erleiden.

Rainer Megerle, Chef der Nürnberger Gewerbe- und Industriefußböden Megerle AG, scheint seine Mitarbeiter zu verwöhnen, wo immer es geht: Jede Woche einen frischen Blumenstrauß auf dem Schreibtisch, Firmenwagen auch zur Privatnutzung, kostenlose Sauna und Massage nach Feierabend und ein wohl einmaliger Wäsche- und Einkaufsservice.

Der Arbeitsplatz darf nach eigenen Wünschen mitgestaltet werden. Die Arbeitszeit und das Gehalt werden von den Mitarbeitern selbst festgelegt. Sie geben jährlich selbst an, was sie verdienen wollen. Jedes Jahr werden sie gefragt: «Welchen Betrag würden Sie sich als ihr eigener Personalchef nach Wissen, Können und Fleiß heute einräumen?» Die Akzeptanzquote für dieses Verfahren liegt bei 95 Prozent. Rainer Megerle selbst sagt dazu: «Drei bis vier Mitarbeiter bekommen in der Regel mehr Gehalt als sie sich wünschen.»[148] Und als Krönung der Verwöhnpolitik gibt es eine elftägige Dienstreise nach Sri Lanka. Wer möchte da nicht Mitarbeiter der Megerle AG in Nürnberg sein?

Kaum zu glauben, daß Rainer Megerle dies alles nicht als Altruist unternimmt, scheint es doch so utopisch. Dabei ist Megerles Ansatz ganz einfach: Er sieht den Menschen als eine Einheit. Das bedeutet für ihn auch, daß Berufsleben und Privatleben harmonisch aufeinander abgestimmt werden müssen, daß der Mensch seine Identität nicht an der Eingangspforte des Unternehmens abgibt.

Warum errichtet ein gestandener Unternehmer eine solche Oase in der Wüste des Nürnberger Industriegebietes?

Uneigennützig ist Rainer Megerle nicht. Was er mit seinem Motivationsmodell sät, verschafft ihm reichliche Ernte. Es gibt fast keine Fluktuation, und der Krankenstand ist extrem niedrig. Obendrein seien seine Mitarbeiter, so Rainer Megerle, fröhlichere, zuverlässigere und viel bessere Mitarbeiter als die anderer Unternehmen. Rainer Megerles Menschenbild ist unter anderem auch von dem Pädagogen Pestalozzi geprägt: Man muß positiv auf die Menschen zugehen, dann wird man auch positive Reaktionen erhalten. Unterstellt man von vornherein, daß man von einem Menschen wohl enttäuscht wird, so wird einen dieser auch enttäuschen.

---

148 Unternehmenskünstler Megerle sprach in Marktredwitz: Wenn der Chef verwöhnt ..., Marktredwitzer Tagblatt, Tageszeitung für Oberfranken, Ausgabe vom 29.11.1990

Die wöchentlichen Blumen und die Obstschale auf dem Tisch sind aber nicht nur zur Erhaltung eines ausgezeichneten Betriebsklimas gedacht. Die vielen Hilfestellungen, die Rainer Megerle zum Beispiel in Form von Einkaufs- und Wäscheservice gibt, dienen auf der einen Seite der Entlastung seiner Mitarbeiter von den tagtäglichen Alltagsorganisationsproblemen und dienen andererseits auch dem Chef, denn die Mitarbeiter sind konzentrierter bei der Sache, weil sie nicht ständig an die Erledigung von Alltagsproblemen denken müssen. Sie schauen abends nicht ständig nach der Uhr, ob sie denn wohl ihre Einkäufe noch erledigen können, sondern bleiben, bis die Arbeit getan ist. Die Arbeit ist nicht mehr zeit-, sondern ergebnisgebunden. Auch dies fördert die Arbeitsfreude durch Erfolgserlebnisse.

Rainer Megerles Erfolg gründet sich auf Menschen. Seine Überzeugung lautet: «Erfolg wird einzig und allein durch Menschen erreicht. Nicht Produkte, Know-how, Konzepte oder Strategien bringen uns entscheidend voran, sondern nur wir uns selbst. Erfolge des Unternehmers von morgen sind zunehmend Mitarbeitererfolge.»!149

Diesen Erfolg, so hat Megerle erkannt, erreicht er nur, wenn er seine Mitarbeiter daran beteiligt. Humanismus ist für ihn eine Grundvoraussetzung des Erfolgs. Wer anderen hilft, erfolgreich zu sein, wächst über sich selbst hinaus. Megerle betreibt menschenwürdiges Management, das ihm seine Mitarbeiter durch Spitzenleistungen danken. Damit hebt er sich aus dem Konkurrenzumfeld hervor und macht sich fit für die Zukunftsanforderungen.

Partizipation und Weiterbildung bei Knürr

Partizipativer Führungsstil verlangt von den Führungskräften unter anderem, daß sie Mitarbeiter an Entscheidungen beteiligen. Dies setzt aber voraus, daß die Mitarbeiter zur Entscheidungsvorbereitung und zum Fällen der Entscheidungen in der Lage sind.

Ein wesentlicher Aspekt muß deshalb die Aus- und Weiterbildung der Mitarbeiter sein. Reine Informationsweitergabe seitens der Vorgesetzten reicht meist nicht aus. Die Mitarbeiter müssen zusätzlich strukturiertes Wissen erwerben, um für die höheren Anforderungen fit zu sein.

---

149 Vgl. Megerle, Rainer M., Bausteine ..., a.a.O., S. 402.

Die Firma Knürr AG aus München fordert ihre Mitarbeiter nachdrücklich dazu auf, das firmeneigene Weiterbildungsprogramm in Anspruch zu nehmen. Auf Plakaten leuchtet die Verdummungswarnlampe auf.[150]

Wie bei Webasto gibt es auch bei Knürr eine firmeneigene «Schule der Mitarbeiter». Dies schließt den Besuch externer Kurse nicht aus.

Die Lernbereitschaft der Knürr-Belegschaft ist für das Unternehmen überlebensnotwendig.[151] Zum einen steht die Knürr AG mit einem ortsansässigen Großbetrieb in Konkurrenz um Mitarbeiter. Zum anderen hat das Unternehmen erkannt, daß man dem zunehmenden Innovationsdruck nur mit qualifizierten Mitarbeitern entgegnen kann. Die Einräumung von Weiterbildungschancen und die eigene Persönlichkeitsschulung, wie sie etwa bei der Webasto AG möglich ist, sind Voraussetzungen für den langfristigen Firmenerfolg, der auf dem Erfolg der Mitarbeiter fußt. Jedes Unternehmen kann nur so erfolgreich sein, wie es der Qualifikation seiner Mitarbeiter entspricht.

Gruppenarbeit im Opel-Werk

Schon in den 70er Jahren wurde die Veränderung von Arbeitssystemen diskutiert, die man im Spannungsfeld von menschengerechter Arbeitsgestaltung und Wirtschaftlichkeit sah. «Humanisierung der Arbeit» und «Menschenwürde im Betrieb» waren damalige Schlagworte. Die bis auf die Spitze getriebene Aufsplittung des Arbeitsprozesses, die Instrumentalisierung des Menschen in einer auf die Rentabilität des Kapitaleinsatzes zielenden Produktion, der Versuch der Maximierung der Arbeitsergebnisse bei Minimierung der Arbeitskosten, kurz gesagt eine Einplanung des Menschen in den Betriebsablauf rein nach rationellen Gesichtspunkten, führten zu Spannungen in den Betrieben. Die arbeitenden Menschen befanden sich in einem Spannungsfeld zwischen betrieblichen Erfordernissen und persönlichen Bedürfnissen.

Die meisten Lösungsversuche dieses Dilemmas mündeten in Versuche, sowohl der Wirtschaftlichkeit des Betriebes als auch den Bedürfnissen des Menschen Rechnung zu tragen. Reale Veränderungsprozesse, die in dieser Zeit zu mehr Humanisierung der Arbeitswelt führen sollten, gründeten sich auf arbeitsorganisatorische, technologische und rechtliche Neuorien-

---

150 Vgl. hierzu Hans Christian Altmann, Motivation der Mitarbeiter, a.a.O., S. 152 ff.

151 Vgl. ebenda, S. 153.

tierungen. Humanisierung wurde als Mittel zur Befriedung der unzufriedenen Arbeiter in Angriff genommen. Das Ziel war weiterhin eine hohe Wirtschaftlichkeit, der auch die Humanisierung des Arbeitsumfeldes keinen Abbruch tun sollte. Zwar wurde damals schon Partizipation und Transparenz gefordert, aber, da die meisten Unternehmer einen Produktivitätseinbruch befürchteten, blieben humanisierende Tendenzen auf die Einhaltung der durch Gewerkschaftskraft oder von neuer Rechtsprechung geforderten Veränderungen begrenzt.

Auch wenn die Bewußtseinsänderung der Unternehmer zur damaligen Zeit noch recht beschränkt blieb, so waren doch die Humanisierungsbestrebungen der 70er Jahre ein Startschuß für weitergehende Überlegungen und Untersuchungen über den Kontext Mensch und Betrieb. Auch führten die damals durchgesetzten Mitbestimmungsregelungen zu mehr Demokratie in den Unternehmen. In einigen Betrieben konnten mit Hilfe der Mitbestimmung neue humanitärere Arbeitssysteme eingeführt werden.

Gingen damalige Humanisierungsbestrebungen von der Arbeitnehmerseite aus, so sind heute die Führungskräfte und Unternehmer selbst die treibende Kraft. Sie haben erkannt – und das ist der große Unterschied zur damaligen Bewegung –, daß die Leistungsbereitschaft der Mitarbeiter maßgeblich von einem humanitär gestalteten Arbeitsplatz, -umfeld und -prozeß abhängt. Heute ist die Einbeziehung des ganzen Menschen in das Unternehmen ein Instrument zur Erhaltung der Konkurrenzfähigkeit. Mit Konkurrenzfähigkeit ist hier sowohl die Konkurrenz am Güter- und/oder Dienstleistungsmarkt als auch am Personalmarkt gemeint.

Aber auch der teilweise untertänige Status des Arbeiters in den 70er Jahren existiert nicht mehr. Das Selbstbewußtsein von Arbeitern und Angestellten ist heute stärker ausgeprägt. Wer ihre Einsatzbereitschaft und ihre volle Leistungskraft erhalten will, muß ihr Wertsystem und ihre Gesamtpersönlichkeit auch im Unternehmen berücksichtigen.

In den 70er Jahren fanden Modelle für neue Arbeitssysteme wie Job Rotation, Job Enlargement und Job Enrichment Eingang in die Betriebe, um stark zergliederte Arbeitsprozesse humaner zu gestalten.

Sinn der angeführten arbeitsorganisatorischen Modelle ist die Ausdehnung des Handlungsspielraumes für die Arbeiter von Fließband-Produktionsstätten.

Bei Job Rotation, dem systematischen Arbeitsplatzwechsel, und Job Enlargement, der Arbeitsvergrößerung, handelt es sich um eine horizontale Erweiterung der Arbeitsvarietät, bei Job Enrichment, das sowohl auf der Individual- als auch auf der Gruppenebene in Form selbst steuernder

Arbeitsgruppen eingerichtet werden kann, um ein Modell horizontaler und vertikaler Arbeitsanreicherung.[152]

Von diesen Beispielen, Fließbandarbeit wieder menschengerechter zu gestalten, stößt lediglich die Arbeitsanreicherung (Job Enrichment) in den Entscheidungs- und Kontrollspielraum vor und «hebt damit am unteren Ende der Managementhierarchie die traditionelle Trennung von leitender und ausführender Tätigkeit ansatzweise auf.»[153]

Ein besonderes Modell zur Humanisierung des Arbeitsumfeldes stellt die Arbeitsanreicherung auf Gruppenbasis, die Bildung sogenannter teilautonomer Arbeitsgruppen oder auch selbststeuernder Arbeitsgruppen, dar. Dieses aus Skandinavien kommende Systemmuster sieht vor, daß kleine Gruppen im Gesamtsystem der Unternehmung zusammenhängende Aufgabenvollzüge gemeinsam eigenverantwortlich zu erfüllen haben und über die zur Wahrnehmung dieser Funktion nötigen Entscheidungs- und Kontrollkompetenzen verfügen.[154]

Ein sehr bekannt gewordener Versuch mit selbststeuernden Arbeitsgruppen die Arbeit anzureichern, wurde bei Volvo unternommen. Abwesenheitsquoten von 20 bis 25 Prozent der Beschäftigten und eine Fluktuation von über 30 Prozent innerhalb eines Jahres zwangen das Automobilunternehmen zur Umstrukturierung.

Wie schon an früherer Stelle erwähnt, ist auch in Japan Gruppenarbeit ein probates Mittel zur Leistungssteigerung.

Blieben in deutschen Unternehmen wie Mercedes Benz, Audi und VW Job-Enrichment-Programme bisher noch in der Pilot-Projekt-Phase hängen, so hat das Opel-Werk in Rüsselsheim jetzt den Sprung ins kalte Wasser gewagt. Hier wurde Gruppenarbeit eingeführt, ohne daß von den Arbeitnehmern Umgestaltungsprozesse gefordert wurden. Dabei geht es heute nicht mehr um humane Arbeitsplätze, sondern vor allem um Produktivität, Qualität und die Beherrschung des Fehlzeitenproblems.

Der Automobilkonzern läßt sich von der schlichten Einsicht leiten, daß keiner so gut wie der Mann am Band weiß, wie seine Arbeit vielleicht besser oder schneller erledigt werden könnte.[155]

---

152 Vgl. hierzu Steinmann, H./Schreyögg, G., Management, a.a.O., S. 434 ff.

153 Vgl. ebenda, S. 436.

154 Vgl. ebenda, S. 438.

155 Vgl. aus dem Zitat von Peter Enderle, Opel-Vorstand, in: «Herrscht jetzt Anarchie?», (Der Spiegel, Heft Nr. 32 vom 5. August 1991, 45. Jahrgang, S. 93).

Bisher wurde auf die Sekunde und den Millimeter genau gesagt, was der Arbeiter am Band zu tun hatte. Diese Zeiten sind jetzt vorbei. Und damit sind bei Opel auch die Zeiten vergessen, in denen Arbeiter in Fabriken wie Roboter eingesetzt wurden, die immer nur die gleichen Handgriffe auszuführen hatten. Jetzt wird auch der Kopf gefordert.

Die Gruppenarbeit setzt kreative Potentiale und eine höhere Leistungsbereitschaft frei, die schon jetzt zur Fehlerreduktion bei den Endprodukten führen. Vorstand Peter Enderle sagt dazu: «Rund 50 Meter von dem Band entfernt, an dem Frank Rau und seine Gruppe arbeiten, bessern Reparateure kleine Fehler an den kompletten Fahrzeugen aus. Auf den Inspektionskarten, die hinter den Scheibenwischern hängen, sind merklich weniger Fehler angekreuzt.»[156]

Dies sind erste positive Zeichen für eine höhere Einsatzbereitschaft und bessere Leistung von Mitarbeitern, die in ihrer Gesamtheit in den Produktionsprozeß einbezogen werden. Peter Enderle weiß zwar, daß sich die Erfolge der Gruppenarbeit frühestens in ein oder zwei Jahren messen lassen, die Verminderung der Nachbesserungsquote aber stimmt ihn bereits optimistisch. Peter Enderle sieht zudem «keine andere Chance, wenn wir auf Dauer wettbewerbsfähig sein wollen.»[157]

Der Grundgedanke der Umstellung bei Opel ist, daß Erfolge in Zukunft nur dann erzielt werden können, wenn die Menschen im Betrieb diese Erfolge auch zulassen. Dies tun sie aber nur, wenn sie in ihrer Ganzheit berücksichtigt werden und wenn man sie am Erfolg partizipieren läßt, wenn also nicht nur ihre funktionalen Fähigkeiten abgefordert werden, sondern ihre gesamte Persönlichkeit Eingang in die Arbeitsplatzgestaltung und den Ablauf des Arbeitsprozesses findet. Ergibt sich aus den neuen Bedingungen Arbeitsfreude und das Gefühl, für den Erfolg mitverantwortlich zu sein, dann ist auch das Unternehmen erfolgreich.

---

156 Vgl. ebenda, S. 97.

157 Vgl. ebenda.

4. Die Kraft von Visionen

«Wenn Du ein Schiff bauen willst, so trommele nicht Männer zusammen, um Holz zu beschaffen, Werkzeuge vorzubereiten, Aufgaben zu vergeben und die Arbeiten zu verteilen, sondern lehre die Männer die Sehnsucht nach dem endlosen weiten Meer.»

Dieses Zitat von Saint-Exupèry wird immer wieder angeführt, um die Bedeutung von Vision plastisch und prägnant zu verdeutlichen.

Vision, ein Wort, das laut Duden «inneres Gesicht, Erscheinung vor dem geistigen Auge», auch «Trugbild» bedeutet, elektrisiert die Manager allerorten. Endlich scheint die Lösung aller Unternehmensprobleme vor der Tür zu stehen. Ein bißchen visionäres Management, und schon ist die Sache geritzt. Dann lehren wir die Männer mal die Sehnsucht nach dem weiten endlosen Meer und schon arbeiten sie wie nix. Vision – ein Trugbild?

Vision ist kein Mittel für jeden Zweck. Um einen Mitarbeiter richtig zu motivieren, müssen für ihn Sinn und Zweck seiner Arbeit sichtbar sein. Er muß bei der Arbeit seinen eigenen Motiven folgen können, um eine optimale Leistung zu erbringen. Sein Ziel ist die Befriedigung seiner Motive. Ihre Befriedigung stiftet ihm ein Erfolgserlebnis, das ihm wiederum einen Glücksmoment beschert. Dieser Glücksmoment ist nur kurz, denn kaum ist ein Motiv erfüllt, rückt das nächste in der Prioritätenskala nach vorn. Trotzdem prägt das Verlangen nach diesem kurzen Glücksmoment das Verhalten der Menschen. Der Kick ist alles.

Visionäres Management macht sich diese Erkenntnis zunutze. Es baut auf dieses Verlangen nach Glück und Erfolg auf. Der «Trick» liegt darin, die Eigeninteressen zu gemeinsamen Interessen zu machen.

Bei visionärem Management leisten die Mitarbeiter mehr, weil ihnen für ihre Leistungserbringung der ersehnte Kick versprochen wird. Die Mitarbeiter machen sich die Unternehmensziele zu eigen, nicht etwa, weil sie plötzlich meinen, daß es keinen Unterschied mehr zwischen Arbeitnehmer- und Arbeitgeberinteressen gibt, sondern weil sie von der Erfüllung der Unternehmensziele auch die Erfüllung ihrer eigenen Ziele erwarten.

Liegt im visionären Management wirklich der einzig gangbare Weg, um mit den Zukunftsproblemen fertig zu werden? Oder ist visionäres Management nicht vielmehr nur ein Baustein einer neuen Denkweise? Einer Denkweise, die in der Lage ist, alte Blockaden aufzubrechen, die durch hierarchische Betriebsgliederungen, traditionelle Führungsmuster, mangelnde Einbeziehung von Frauen in den Führungsprozeß, das Primat der Maschinen und den Wertewandel aufgebaut worden sind?

Als prozeßsteuerndes Instrument kann die Vision dazu dienen, alle Mitarbeiter eines Unternehmens wieder auf ein Ziel einzuschwören. Die Kraft von Visionen reicht aber nicht aus, um die volle motivierende Arbeitsfreude bei den Menschen zu wecken. Dazu müssen weitere günstige Bedingungen im Unternehmensfeld geschaffen werden. Zu diesen zusätzlichen Voraussetzungen zählen zum Beispiel die Schaffung einer tragfähigen Unternehmenskultur, eine neue Offenheit, die durch Informations- und Kommunikationsprozesse unterstützt wird und ein demokratischer Führungsstil, der die Mitarbeiter an Planung und Entscheidung und letztendlich auch am Erfolg teilhaben läßt. Erst aus diesen einzelnen Bausteinen läßt sich das neue Haus des Unternehmens zimmern. Fehlt ein Baustein, so bricht das Haus nicht unbedingt zusammen, aber es steht doch nicht mehr ganz so fest.

Vision und Starre

Gerd Gerken, Berater für Visions-Implementierungen, berichtet von seinen eigenen Erfahrungen. Er stellt fest, «daß der Aufbau einer Vision zumeist deshalb scheitert, weil die Bosse ganz oben häufig zerstritten sind und weil sie es oft 'albern' finden, mit derartigen Glaubenssystemen große Companies zu führen (wörtliches Zitat: «Herr Gerken, wir sind hier doch nicht in einer Kirche!»).»[158]

Vor allem Vorgesetzte höherer Altersstufen sind nicht in der Lage, andere Wertstrukturen als ihre eigenen ins Entscheidungskalkül einzubeziehen. Die Wertestarre, die sie dadurch erreichen, führt zur Frustration der Mitarbeiter. Vision und auch Beteiligung an der Verantwortung werden für die Mitarbeiter zur Farce, und das beim beteiligten Mitarbeiter geweckte Engagement läuft ins Leere.

Die Idee, den Mitarbeiter durch die Partizipation an Entscheidungen und Erfolg zu motivieren, wird dann scheitern. Wie aber sollen Großunternehmen, deren Strukturen oft noch aus grauer Vorzeit zu stammen

158 Gerken, Gerd, RADAR für TRENDS, Zukunfts-Letter Nr. 20, November 1989

scheinen, den Ansprüchen, die an visionäres Management zu stellen sind, genügen? Müssen sie nicht ohnehin schon wie ein Elefant im Porzellanladen ihren massigen Verwaltungskörper durch das Meer der Trends lavieren?

Vision und Emotion

Lange Zeit glaubte man, daß Effizienz im Unternehmen nur mit emotionslosem Funktionieren von Mensch und Maschine zu erreichen sei. Nichtrationale Faktoren, also irrationale beziehungsweise emotionale wie etwa Freude, Ärger oder Sympathie, glaubte man ausmerzen zu müssen, weil sie den Arbeitsprozeß störten. Daraus resultierte auch die Annahme, Menschen müßten kontrolliert werden, um solche «Auswüchse» emotionaler Art auf ein Mindestmaß zu reduzieren. Zu dieser Art von Management gehört auch die Vorstellung, daß Menschen bloß um des Geldes willen arbeiten und deshalb finanzielle Anreize zur Motivation ausreichen.

Visionäres Management ist ein prozeßpolitisches Mittel, das im Kern darauf zielt, Menschen über Emotionen zu motivieren. So steht es im krassen Gegensatz zu traditionellen Managementkonzeptionen. Die schräge – klassische – Vorstellung, daß Menschen primär aus finanziellen Erwägungen heraus arbeiten, bleibt hier unberücksichtigt.

Alte Managementkonzeptionen unterschieden nicht zwischen primär und sekundär motivierten Handlungsweisen, so konnten sie auch die Rolle des Lohnes/Gehaltes nicht differenziert einschätzen. Heute weiß man, daß die Menschen nicht wegen des Geldes arbeiten, sondern daß das Geld nur das Mittel zur Erfüllung primärer Motive ist.

Vision ist Sehnsucht

Visionen haben eine beinahe unheimliche Kraft. So mancher Wunderheiler hat sich schon mit Hilfe von Visionen einen legendären Ruf geschaffen. Von Sektierern über Sekten bis hin zu berühmten Politikern lassen sich Beispiele anführen, wie mit Hilfe von Visionen Berge versetzt wurden. So ist es kein Zufall, daß dieses Instrument irgendwann auch für den

Bereich der Unternehmensstrategien (wenn noch nicht erfunden, so aber doch) entdeckt wurde.

Gerade die religiöse Literatur aller Jahrhunderte strotzt von der Beschreibung von Visionen und Menschen, die diesen Visionen ihr Leben weihten. Diese religiösen Visionen führen in andere Bewußtseinsbereiche. Auch geben sie dem einzelnen Menschen ein Bewußtsein, von der breiten Masse abgehoben, Inspiration direkt von Gott zu empfangen.

Das ungeheure Verlangen der Menschen nach einem auch nur kurzen Glücksmoment läßt der Schriftsteller Dostojewski in dem Stück «Dämonen» Kirillow auf folgende Weise ausdrücken: «Es gibt Augenblicke, sie dauern nur 5,6 Sekunden, da spürt man plötzlich die Gegenwart ewiger Harmonie und hat sie völlig erlangt ... und das Fürchterlichste dabei – es ist so erschreckend klar und so freudvoll. Währte es länger als 5 Sekunden, die Seele ertrüge es nicht und müßte vergehen. In diesen 5 Sekunden durchlebe ich ein Leben und würde dafür mein eigenes ganzes Leben hingeben, denn es lohnt.»

Nach solch einer ergreifenden Schilderung erscheint es beinahe banal, auf die Ebene von Unternehmensvisionen zurückzukehren. Der Grundgedanke ist aber der gleiche. Die Sehnsucht beziehungsweise das Verlangen nach diesem kurzen Glücks- und Erfolgsmoment treibt den Menschen voran. Je mehr er davon überzeugt ist, daß er am Ziel seiner Anstrengungen diesen kurzen Moment des Glücks und der Freude verspürt, desto stärker wird er seine Anstrengungen auf die vor ihm liegende Arbeit lenken. So wirkt Vision produktivitätssteigernd.

Vision und Motiv

Vision im Unternehmen, das ist, so Matthias zur Bonsen, vor allem ein Bild von der erwünschten Zukunft, das man vor seinem geistigen Auge sieht. Es ist ein Ziel, das «nicht nur gedacht, sondern gesehen wird. Und genau dadurch erzeugt die Vision Verlangen. Denn Bilder aktivieren mehr als Worte.»[159]

159 Bonsen, Matthias zur, Vision und Alignment: Das Unternehmen in Höchstform bringen (Gabler's Magazin, Nr. 12/1990, S. 8).

Matthias zur Bonsen glaubt, daß die strategische Vision im Unternehmen nicht ausreicht. Für ihn muß sich die strategische Vision mit der erhabenen ideellen Vision verbinden, irgendeinen wertvollen Beitrag zu leisten.

«Den Wunsch, vielleicht die Welt ein Stück weiter zu bringen – auch wenn es gemessen an ihren Problemen nur ein winziges Stück ist. Visionäre Führer bringen diese Saite im Menschen zum Klingen.»[160]

Folgte man dieser, von vielen anderen Managern ebenso verstandenen, Idee von Vision, so würde das bedeuten, daß sich ein Großteil der Menschen auf ein einziges Motiv festlegen ließe. Wäre es nicht aber auch möglich, daß trotz einer gemeinsamen Vision jeder seinem eigenen Grundmotiv folgt? Der Anerkennungsmotivierte folgt der Vision, weil sie seiner Auffassung von Leadership entspricht. Der Sicherheitsmotivierte folgt ihr, weil ihr der überwiegende Teil folgt. Das gibt ihm die Sicherheit, nicht aus der Gruppe zu fallen. Der Vertrauensmotivierte macht mit, weil er den persönlichen Bezug zum Vorgesetzten nicht verlieren will und dem Unabhängigkeits- und Verantwortungsmotivierten schafft das visionäre Management mehr Freiraum und Freiheit für seinen Mitunternehmeranspruch. So lassen sich durchaus auch unterschiedliche Motive auf einen gemeinsamen Nenner bringen. Die besonderen Qualitäten der Führungskraft müssen dann darin bestehen, die unterschiedlichen Motive so zu bündeln, daß der einzelne in der Erreichung des visionären Zieles auch die Erreichung seines persönlichen Zieles sieht. Genauso wie fünf verschiedene Personen dieselbe Situation fünffach unterschiedlich erleben und wiedergeben, genauso sehen fünf verschiedene Mitarbeiter eine gemeinsame Unternehmensversion aus einem immer wieder anderen Blickwinkel. Die Kraft von Visionen rührt nicht aus der gemeinsamen Idee, sondern daraus, daß jeder Mitarbeiter aus der Summe von entworfenem Zukunftsbild, persönlicher Vorstellungskraft und persönlichen Motiven eine ganz eigene individuelle Fassung der Vision entwickelt.

Genausowenig, wie es monokausale Erklärungen für menschliches Verhalten gibt, genausowenig gibt es eine eindimensionale Persönlichkeit. Wer die volle Leistungskraft seiner Mitarbeiter ausnutzen möchte, der darf nicht nur auf ein Motiv bauen. Individualität und Komplexität sind Grundzüge jeder Persönlichkeit. Im Prinzip heißt das nichts anderes, als daß Unternehmenserfolg allein durch die Kraft von Visionen langfri-

160 Vgl. ebenda.

stig nicht zu sichern ist. Ein auf den einzelnen Mitarbeiter abgestimmtes Führungsverhalten und Umfeld sowie Arbeitsbedingungen, die der Leistungsbereitschaft nicht im Wege stehen, müssen hinzutreten.

Vision und Gruppengefühl

Die Kraft von Visionen steckt noch in einem weiteren Aspekt. Neben dem Klingenlassen der unterschiedlichen individuellen Motive unterstützen Visionen auch das Gruppengefühl. In einem früheren Kapitel wurde Nell-Breuning zitiert, der die Baugesetze der menschlichen Gesellschaft, das Solidaritäts- und das Subsidiaritätsprinzip, beschrieben hat. Die gemeinsame Vision, auch wenn sie von jedem aus einem anderen Blickwinkel betrachtet wird, stärkt das Gruppengefühl. Es wird ein gemeinsames Ziel verfolgt, und das stärkt die Solidarität.

Da der Mensch ein Herdentier ist, wird er – solange der Alpha-Mensch, also der geistige Führer einer Gruppe, der Vision folgt – seine Leistung in den Dienst dieser gemeinsamen Sache stellen. Erst wenn Alpha zweifelt, zweifeln auch Beta bis Omega.

Innerhalb einer Gemeinschaft existieren ein gehöriger Gruppendruck und eine hohe soziale Kontrolle. Beide wirken um so stärker, je kleiner die Gruppe ist. Die Größe der Gruppe beeinflußt die Intensität der face-to-face-Beziehung. Schert ein Teammitglied aus und zweifelt die gemeinsame Vision an, so lastet auf ihm ein Gruppendruck, der je nach Größe der Gruppe ein erträgliches oder unerträgliches Maß annehmen kann.

Das Einschwören einer Gruppe auf eine gemeinsame Vision, die nicht nur strategisch, sondern auch ideell verankert ist, wird in Amerika mit Alignment bezeichnet. Alignment wird als ein Zustand gesehen, bei dem die Mitglieder einer Organisation oder eines Teams dem gemeinsamen Interesse Vorrang vor den Eigeninteressen einräumen.[161] Alle bleiben auf einer Linie, die Solidarität erscheint sehr hoch, und ebenso ist es die Leistungsbereitschaft.

161 Vgl. hierzu auch ebenda, S. 6 ff.

Alignment

Zur Bonsen führt zur Verdeutlichung von Alignment ein Basketballteam an, das angesichts des gemeinsamen Zieles Sieg über die gegnerische Mannschaft vollkommen Raum und Zeit vergißt. Keiner schert aus, alle unterwerfen sich der gemeinsamen Sache, Schmerz wird nicht mehr empfunden, es trägt nur noch das gemeinsame Gefühl. Leider ist ein solches Alignment ohne weitere Spezifizierung im Unternehmensbereich kaum anzutreffen. Zum einen geht es in einem Basketballspiel um eine herausragende körperliche Anstrengung, die für sich alleine oft schon in ekstatische Zustände versetzt. Spitzensportler jeglicher Couleur haben schon des öfteren über visionäre rauschähnliche Zustände angesichts großer körperlicher Beanspruchung berichtet.

Zum anderen beschreibt dieses Beispiel eine Freizeitbeschäftigung wie Sport, bei der in der Regel von einer hohen primären Motivation ausgegangen werden kann. Dies trifft auf Arbeit im Unternehmen nicht unbedingt zu. Der Siegeswille ist gerade im Sportbereich sehr ausgeprägt. Der sportliche Sieg bringt Erfolg und Freude. Was aber ist der Sieg bei einer unternehmerischen Vision? Anders als bei einem sportlichen Spiel ist nicht der Teilnehmer des Spiels, sondern letztendlich der Unternehmenseigner der Gewinner.

Dieser desillusionierenden Seite visionären Managements läßt sich nur durch die Beteiligung der Arbeitnehmer am Erfolgserlebnis begegnen. Man stelle sich vor, die gemeinsame Vision werde tatsächlich erreicht. Welche Gefühle werden bei den Mitarbeitern wohl ausgelöst? Eher Freude oder eher das Gefühl, was haben denn nun sie davon? Auch hier zeigt sich wieder, daß je nach individueller Motivlage auch den Arbeitnehmern ein Miterfolg durch die Befriedigung ihrer individuellen Bedürfnisse versprochen werden muß.

Wäre es wirklich möglich, daß die Mitarbeiter eines Unternehmens ein gemeinsames Ziel nur des Zieles wegen verfolgten, daß sie die gemeinsamen Interessen über ihre Privatinteressen setzten, dann hätten wir den von Gerd Gerken prognostizierten zweiten Wertewandel schon hinter uns. Dann folgten wir wirklich einem kollektiven Altruismus, und es käme nur noch auf die zukunftsweisende altruistisch begründete Vision an, um die Mitarbeiter eines Unternehmens gleichzeitig alle «Ja, wir wollen!» schreien zu lassen.

Einen kollektiven Altruismus können wir aber weit und breit in den Unternehmen nicht feststellen (zumindest noch nicht!). Insofern ist es auch vermessen, anzunehmen, Menschen würden ohne die Berücksichtigung von Eigeninteressen den Gemeinsinn höher als den Eigensinn setzen. Die Wirkung nach außen mag ja so sein, mag tatsächlich Gemeinsinn vorgaukeln, aber auch die Verfolgung eines gemeinsamen Zieles durch einzelne Individuen hat unterschiedliche individuelle Gründe.

Das Solidaritäts- und das Subsidiaritätsprinzip, die Bausteine der menschlichen Gesellschaft, sind Prinzipien, die die Gemeinschaft über den einzelnen stellen, die sich aber darauf gründen, daß der einzelne ohne Gruppe nicht existieren kann. Für den Gruppenzusammenschluß gibt es also eine individualistische Begründung: Der einzelne gehört einer Gruppe an, weil er alleine nicht existieren kann.

Vision und Realisation

Sehr konkret formulierte Visionen bergen ein großes Risiko in sich: Sie könnten tatsächlich erreicht werden. Ein Ziel, das erreicht wird, ist kein Ziel mehr. Die hohe Motivation, die durch visionäres Management ausgelöst werden soll, klappt bei Zielerreichung wie eine Marionette ohne Spieler in sich zusammen.

Auf der anderen Seite ist eine zu unrealistische Vision, die unerreichbar scheint, kein leistungssteigerndes Zukunftsbild. Sie demotiviert eher, weil sie nicht zu verwirklichen ist.

Daraus resultiert folgende paradox anmutende Rahmenbedingung für Visionen: Die Vision muß realisierbar erscheinen, darf aber nicht realisiert werden.

Der einzig gangbare Weg scheint der der kleinen Schritte zu sein. Der großen Vision, die nicht wirklich erreichbar ist, werden zahlreiche Einzelschrittbilder vorgeschaltet, deren Realisation möglich ist. Die Politik der erreichbaren Einzelschritte hat zudem den Vorteil, kontinuierlich Erfolgserlebnisse zu produzieren.

Die zweite Möglichkeit, mit einer erreichbaren Vision umzugehen, wäre, ein Bild durch ein anderes zu ersetzen. Hier aber den rechten Moment abzupassen, zu dem die Mitarbeiter noch nicht in das schwarze Loch der Perspektivlosigkeit nach Erreichen des höchsten Zieles gefallen sind, erfordert ungeheures Fingerspitzengefühl.

Vision und Marktchance

Ein weiteres Problem des Managens mit Hilfe von Visionen resultiert aus den Anforderungen des Marktes. Unternehmerisch tätig zu sein bedeutet, Chancen, die sich aus Veränderungen des Marktes ergeben, zu erkennen und entschlossen wahrzunehmen. Es zeichnet den erfolgreichen Unternehmer aus, daß er diese Aufgabe erfüllen kann. Wer nun, um seine Mitarbeiter leistungsbereiter zu machen, mit Visionen arbeitet, kann in die Bredouille geraten, sich selbst eines Teiles der nötigen Flexibilität zu berauben. Visionen lassen sich nicht von heute auf morgen ummodeln, nur weil der Markt plötzlich neue Chancen bietet.

Visionen können also – je nach ihrer Ausgestaltung – den Unternehmen ihre Anpassungsfähigkeit an Marktveränderungen nehmen. Eine Bedingung, die an visionäres Management zu stellen ist, muß also dahingehend lauten, die Chancen, an Marktveränderungen zu partizipieren, nicht durch zu enge Zukunftsbilder zu verstellen.

Trotz der einschränkenden Bedingungen sind Visionen ein probates Mittel zur Steuerung des Arbeitsprozesses im Sinne des Management by Joy. Unter Beachtung der aufgezeigten Restriktionen gibt visionäres Management den Mitarbeitern genügend Spielraum zur Einbringung ihrer gesamten Persönlichkeit und genügend Freiraum für die Übernahme von Verantwortung, die für Erfolgserlebnisse notwendig ist.

Für die Unternehmen resultiert ein ganz großer Vorteil visionären Managements aus der Freisetzung zusätzlicher Leistungs- und kreativer Potentiale. Diese steigern zum einen die Produktivität und wirken zum anderen günstig auf die Innovationsfähigkeit des Unternehmens.

Management by Joy heißt, die Kraft von Visionen auf der Basis einer gemeinsam getragenen Unternehmenskultur und flankiert von Informations- und Kommunikationsmaßnahmen als langfristige Erfolgsfaktoren des Unternehmens und seiner Mitarbeiter einzusetzen.

5. Der neue (alte) Stellenwert von Information und Kommunikation

Die Kommunikation ist der Lebensnerv des Unternehmens: Ohne Kommunikation ist das Unternehmen tot, und je mehr im Unternehmen kommuniziert wird, desto lebendiger ist es, deshalb ist der Kommunikation im Unternehmen ein sehr hoher Stellenwert einzuräumen.

Die Handhabung von Kommunikation und Information ist entscheidend für das Betriebsklima und damit für den Unternehmenserfolg. Ein Unternehmen ist nur so erfolgreich wie seine Mitarbeiter (es zulassen), und die Mitarbeiterleistung wird maßgeblich vom Betriebsklima beeinflußt.

Management by Joy verlangt von den Führungskräften eine offene und ehrliche mitarbeiterorientierte Kommunikation und umfassende Information aller Hierarchiestufen. Information der Mitarbeiter und Kommunikation sind prozeßsteuernde Strategien, die den Ordnungsrahmen Unternehmenskultur begleitend unterstützen. Auch der partizipative Führungsstil ist äußerst eng mit einem offenen Kommunikationsklima verknüpft.

Positiv geladene vertikale Kommunikation und Information, also Kommunikation und Information über die Hierarchiestufen hinweg, schaffen ein Betriebsklima, in dem Machtkämpfe in den Hintergrund treten und Konflikte offen bewältigt werden können.

Nur durch Kommunikation erfahren auch die Manager, was im Betrieb los ist. Unterschwellige Konflikte, Unzufriedenheit mit Chefentscheidungen und falsch verstandene Anweisungen bilden ein ständiges Konfliktpotential, das ohne ausreichende Kommunikation nicht erkannt wird.

Sobald tendenzielle Schwachstellen auftauchen, ist es die Aufgabe der leitenden Mitarbeiter, durch vorsichtiges Eingreifen das weitere Anschwellen des Konfliktes zu unterbinden und ein positiv geladenes Klima wiederherzustellen. Der einzige Weg hierzu ist die offene Kommunikation, die den Unruheherd durch neue Argumente überzeugt.

Freude an der Arbeit hängt auch wesentlich von der Kommunikation untereinander, innerhalb der Hierarchiestufen, ab. Wenn mal über die privaten Sorgen geredet werden kann, stellt dies eine wesentliche Konfliktverarbeitung dar. Die betroffenen Mitarbeiter lösen sich aus ihrem Ärger und sind danach wieder konzentriert bei der Arbeit.

Eberhard Witte definierte auf dem Berliner «Medien-Forum 89» Kommunikation folgendermaßen: «Die natürliche Kommunikation zwischen Menschen umfaßt alle für die gegenseitige Verständigung geeigneten

Sinne: das Sprechen und Hören, das Schreiben und Lesen, das Gestalten und Verstehen sowie die Bewegung mit ihren nonverbalen Ausdrucksformen.»

Diese Definition rückt den Menschen in den Mittelpunkt. Er ist der Sender und Empfänger von Kommunikationsbotschaften.

Alle Kommunikationshilfsmittel müssen sich an ihm orientieren und nicht umgekehrt. Erst seine Sinne ermöglichen das Senden und Empfangen. Kommunikationsinstrumente müssen sich deshalb auch an ihm messen lassen. Er setzt die Maßstäbe und nicht die Kommunikationsmedien. Diese sind danach zu beurteilen, inwieweit sie ihm zu dienen verstehen.

Mit Kommunikation ist im folgenden die non-mediale Kommunikation gemeint, deren Basis die Sprache als zentrales Mittel der Verständigung ist.

Unternehmenskommunikation gilt mittlerweile in vielen Unternehmen fast als Allheilmittel für diverse Probleme.[162] Die Unternehmenskommunikation, auch Corporate Communications genannt, ist einerseits ein wichtiges Übertragungsmedium für die Unternehmenskultur und baut andererseits als prozeßsteuerndes Mittel auf ihr auf.

Die Unternehmenskommunikation ist auch ein Instrument, das zur Imagebildung beiträgt. Gerade wenn sich Unternehmenskommunikation auf gute Unternehmensleistung gründen kann, so wird die subjektive Wahrnehmung des Unternehmens in der Öffentlichkeit nachhaltig verbessert werden. Eine gezielte Informationspolitik schafft dann eine positive Verankerung im Bewußtsein der Marktteilnehmer.

Die Kommunikationsebenen im Unternehmen

Im Prinzip lassen sich in einem Unternehmen drei verschiedene Kommunikationsebenen unterscheiden:

- die rein fachgebundene sprachliche Kommunikation,
- die sonstige sprachliche Kommunikation und
- die nonverbale Kommunikation.

---

162 Vgl. Gönczol, Janos, Strategische Informationspolitik, Unternehmenskommunikation gewinnt an Bedeutung (Frankfurter Allgemeine Zeitung vom 03.09.1991, Nr. 204, Sonderteil Kommunikation und Medien, Seite B 19).

Alle drei gehören zur Kommunikationskultur, und alle drei prägen den Umgang miteinander. Die rein fachgebundene sprachliche Kommunikation beinhaltet sämtliche Gespräche, deren Inhalt direkt der Arbeit und dem Arbeitsumfeld zuzuordnen sind.

Die sonstige sprachliche Kommunikation betrifft auch Gespräche über zwischenmenschliche Gegebenheiten, die familiären Hintergründe, Kollegenzwist und ähnliches. Diese Gespräche liefern ein Ventil für aufgestaute Aggressionen, Ängste, Vorurteile und sonstige Emotionen. Sie sind die Komponenten der Zusammenarbeit, die den Mitarbeitern das Gefühl geben, auch ihre Persönlichkeit werde am Arbeitsplatz respektiert.

Eine ausschließlich fachgebundene Kommunikation im Betrieb mißachtet den Mitarbeiter in seiner Ganzheit. Er bringt sich als ganzen Menschen in den Betrieb ein. Genausowenig wie er seinen Geist zu Hause läßt, kann er seine Emotionen für die Dauer eines Arbeitstages abstreifen. Im Gegenteil, viele Emotionen bauen sich durch das Miteinander im Betrieb erst auf.

Ohne weitergehende Kommunikation könnten Spannungen eskalieren und zu wirklichen Arbeitsproblemen führen. Nicht fachgebundene Kommunikation ist ein probates Mittel, um eine entspannte Arbeitsatmosphäre zu schaffen, die Spaß an der Arbeit und Erfolg, die Joy erst möglich macht.

Eine angespannte Atmosphäre, die kein Ventil findet, blockiert letztendlich die Produktivität. Die Gedanken der Mitarbeiter, die unter Spannungen leiden, laufen im Kreis herum, ohne einen Ausgang zu finden. Dadurch sind die Mitarbeiter demotiviert und zur Erbringung optimaler Arbeitsleistungen unfähig.

Auf der dritten Kommunikationsebene, dem Bereich der nonverbalen Kommunikation – auch Körpersprache genannt –, werden Botschaften zwischen den Menschen hin- und hergesandt, ohne daß dabei ein Wort gesprochen wird. Es können dies Blicke sein, die oft mehr aussagen können als ein umfassendes Gespräch, oder Gesten, die oft unterstützend zur sprachlichen Kommunikation hinzutreten. Die Körpersprache kann sie dabei unterstützen oder auch der Aussage des gesprochenen Worts entgegenlaufen, dann nämlich, wenn nicht das gesagt wird, was gemeint ist. Unbewußte Vorbehalte oder verdrängte Konflikte können durch den Ausdruck des Körpers für andere sichtbar gemacht werden, ohne daß sie ausgesprochen werden.

Horst Rückle berichtet von einem bekannten Beispiel aus der psychotherapeutischen Praxis. Eine Frau, die bei den Worten «Ich liebe meinen

Mann» unbewußt den Kopf leicht schüttelnd hin- und herbewegt, beeinträchtigt oder verfälscht sogar mit ihrer körperlichen Botschaft die sprachliche Übermittlung.!163

Je nach Fähigkeit nonverbale Kommunikation zu verstehen, kann diese Art der Informationsübermittlung weitaus mehr Bedeutung haben als ihr sprachliches Pendant. Abgesehen von den wenigen Menschen, die ihren Körper bewußt auf die Aussendung von Körpersignalen hin trainieren, ist die nonverbale Kommunikation die wahrhaftigste von allen. In der Regel kann der Körper nicht lügen.

Auch wer nicht durch Schulungen sensibel für körperliche Signale gemacht wurde, kann nonverbale Botschaften empfangen. Er «spürt» Vorbehalte und verhält sich vorsichtig.

Es ist also wichtig, auf die Harmonisierung aller drei Kommunikationsebenen hinzuarbeiten. Eine positive Wirkung auf andere läßt sich nicht antrainieren wie eine fremde Sprache, sondern kann nur durch eigene Überzeugung und Ausstrahlung wirken. Ein pessimistischer Mensch, der sich die Larve eines Clowns aufsetzt, wird sich durch seine Körperhaltung und sein Verhalten demaskieren.

So müssen erst die Ursachen schlechter Stimmungen oder pessimistischer Grundhaltungen analysiert werden, bevor ihnen entgegengewirkt werden kann. Erst wenn diese Ursachen beseitigt sind, wird sich auch die körpersprachliche Gestik ändern.

Sprachliche, fachliche und nonverbale Kommunikation müssen eine Einheit bilden.

Alle drei Kommunikationsebenen gehören zusammen und entsprechen dem menschlichen Wesen. Sie sind nicht voneinander zu trennen. Weder kann die Kommunikation im Unternehmen auf die rein fachliche Kommunikation beschränkt werden, noch können sprachliche und fachliche Kommunikation ohne Körper geführt werden. Allein diese Tatsache verlangt Ehrlichkeit im Umgang miteinander.

Wenn verbale und nonverbale Kommunikation auseinanderfallen, so werden gleichzeitig zwei verschiedene Botschaften an das Gegenüber geschickt. Sie lassen den sprachlichen Inhalt des Kommunikationsprozesses unwirklich bzw. falsch erscheinen. Die Wahrnehmung ist gestört und mit ihr auch die Motivation. Motivation, der bewußte oder unbewußte

163 Rückle, Horst, Körpersprache für Manager, Signale des Körpers erkennen und erfolgreich umsetzen, 2. Auflage, Landsberg/Lech 1982, S. 55.

Vorgang, dem eine aktivierende Kraft zugrunde liegt und der auf ein Ziel gerichtet ist,[164] wird wesentlich auch durch körpersprachliche Botschaften gegeben oder genommen.
Horst Rückle stellt fest, daß Menschen weit mehr Informationen über die Augen als über die Ohren aufnehmen.[165] Dies hat zur Folge, daß bei widersprüchlicher Körpersprache Unglaube oder Mißtrauen erzeugt wird. So formulierte Rückle auch die Bedingungen an zielgerichtete Motivationsvorhaben wie folgt: «Wer andere gezielt motivieren will, muß also

a) die Motivationsstruktur des anderen möglichst genau kennen;

b) die für die Motivation nötigen Argumente auswählen und diese in eine logisch-chronologisch richtige Reihenfolge bringen;

c) zu den Argumenten die für die Motivation des Partners spezifischen Nutzen logisch zuordnen;

d) die Formulierungen mit der situations- und partnerbezogenen Körpersprache begleiten;

e) die Partnerreaktionen auf die gemachten Aussagen und das gezeigte Verhalten hin erkennen und analysieren und

f) weitere Argumentationen und die begleitende Körpersprache auf die gegebenen Reaktionen richtig einstellen.»[166]

Für Rückle ist Motivation ohne begleitende Körpersprache also gar nicht akzeptabel. Körpersprachlich unpassende Signale heben die Motivationswirkung von Gesagtem auf. Andererseits kann bei unklarer oder unvollständiger Information der Sinn oft aus körpersprachlichen Signalen abgeleitet werden.

---

164 Vgl. hierzu Rückle, Horst, Körpersprache ..., a.a.O., S. 61.

165 Vgl. ebenda., S. 65.

166 Vgl. ebenda, S. 65 ff.

Mitarbeiterwirksame Kommunikation

Zur Kommunikation mit dem Mitarbeiter und zu seiner Information sollten alle erreichbaren Wege gewählt werden. So schafft zum Beispiel die firmeneigene Betriebszeitung neben der Information der Mitarbeiter über neue Großaufträge, Termine für den nächsten Betriebsausflug, Abdruck von Briefen zufriedener Kunden, ein gutes Forum zur Unterstützung der Identifikation mit dem Betrieb.

Ein Schwarzes Brett, an dem nicht nur Anweisungen hängen, sondern das auch von den Mitarbeitern lebhaft zu Kommunikationszwecken gebraucht wird, gibt Aufschluß über das Betriebsklima.

Hausmitteilungen sind in einem guten Betriebsklima meist überflüssig. In der Regel sind sie eher ein Zeichen dafür, daß jemand schriftlich festgenagelt werden soll, weil man seiner mündlichen Absprache nicht traut. Ein russisches Sprichwort sagt: Mißtrauen ist eine Axt am Baume der Liebe.

Kommunikationsfähigkeit ist eine der wichtigsten Eigenschaften, die eine Führungskraft von heute besitzen muß. Mit Hilfe von Kommunikationsfähigkeit und Kommunikationsbereitschaft schafft eine Führungskraft den wichtigen Sprung zur Sinnstiftung für die Mitarbeiter.

Heute reicht es nicht mehr, den Mitarbeitern die Ziele des Unternehmens nur mitzuteilen.

Die Mitarbeiter müssen in ihrer gesamten Komplexität begriffen werden. Motivation zur Arbeit entsteht für sie nur durch ein in Aussicht gestelltes Erfolgserlebnis, durch Joy.

Dieses Erfolgserlebnis fußt bei jedem Mitarbeiter, wie gezeigt, auf einem anderen Motiv. Fühlt der eine sich bestätigt, wenn der Arbeitgeber ihm für seine Leistung ein ausreichendes Gehalt zur Verfügung stellt, so ist ein anderer an materiellen Dingen weniger interessiert und fordert Mitverantwortung. Wieder ein anderer braucht für sein Erfolgserlebnis standardisierte Aufgabenstellungen.

Auf die Verschiedenheit seiner Mitarbeiter kann eine Führungskraft nur eingehen, wenn sie die Kommunikations-Klaviatur beherrscht.

Zum Beispiel muß ein Manager, der seine Mitarbeiter beim privaten Gespräch überrascht, sensibel agieren können. Auch diese private Kommunikation ist für das Betriebsklima von elementarer Bedeutung. Der Manager muß blitzschnell erkennen, ob er sich bei diesem Gespräch einschalten darf, ob er es stören oder sogar unterbinden darf oder ob er sich wieder zurückziehen sollte, weil es sich eventuell um ein Konfliktverarbeitungsgespräch handelt. Schon oft sind in solchen Momenten innerhalb von Sekunden neue Mauern aufgebaut worden. Gerade ältere Vorgesetzte neigen dazu, bei privaten Gesprächen rigoros einzugreifen. Meist verschärfen sie damit ohnehin schwelende Konflikte. Oft rührt wohl ein stiller Rückzug an das Selbstverständnis älterer Managergenerationen.

Die kommunikativen Fähigkeiten der Führungsriege sind nicht nur bei der Erforschung der Wünsche, Vorstellungen, Ziele und Werte der Mitarbeiter gefragt, sondern auch zum Zwecke der Sinnstiftung. Visionäres Management, wie es heute allerorten gefordert wird, braucht Führungskräfte, die Visionen glaubhaft auf kommunikativen Wegen in die Köpfe ihrer Mitarbeiter transportieren können.

Visionäres Management ohne Kommunikationsfähigkeit ist wie bittere Medizin ohne Zucker. Der Mitarbeiter versteht Vision dann als Trick, dem er sich widersetzt. Die Freude an der Arbeit wird ihm vergällt.

Kommunikation, Information und Macht

Kommunikation ist nicht erst heute zu einem Machtmittel geworden. Wer die Kommunikationsmittel in der Hand hält, hat eine Machtbasis, die nicht unterschätzt werden darf. Mit Hilfe der Kommunikation können neue Werte mitgeteilt und übertragen werden.

Kommunikation hilft, die Blockaden der Arbeitsfreude aufzubrechen, Blockaden, die sowohl zwischen Mitarbeitern und Vorgesetzten als auch zwischen gleichgesetzten Mitarbeitern und gleichgesetzten Vorgesetzten aufgebaut worden sind. Wo die Kommunikation aufhört, fängt auch im Unternehmen der Krieg an.

Kommunikation ist von Persönlichkeit geprägt. Sie beginnt und sie endet beim Menschen. Ein guter Kommunikationsfluß ist das Mittel zur Schaffung von Transparenz im Betrieb. Eine den neuen Ansprüchen von Kooperation und Partizipation angepaßte Kommunikation im Unternehmen trägt entscheidend zur Produktivität bei.

Der Widerstand der alten Garden ist oft das Hauptproblem, wenn auf dem Weg zur offenen Kommunikation umstrukturiert werden muß. Dies kann nicht verwundern, denn für die alten Garden gilt immer noch der Wahlspruch «Wissen ist Macht». Andere an ihrem Wissen partizipieren zu lassen, bedeutet für sie oft Machtverlust. Da sich gerade die alten Kämpfer ohnehin durch die in die Unternehmen drängenden neuen Managergenerationen in die Enge gedrängt fühlen, tun sie sich um so schwerer, ihre alten Machtpositionen aufzugeben. Die Übernahme einer neuen Kommunikations- und Informationskultur scheint ihnen zunächst keinen Vorteil zu bescheren. Warum also sollten sie ihr Verhalten ändern? Ihre Kosten-Nutzen-Überlegungen in bezug auf eine Verhaltensänderung schlagen so lange nicht zur anderen Seite aus, solange ihnen keine zusätzlichen Anreize (oder Druckmittel) zur Verhaltensänderung geboten werden.

Problematisch ist dies vor allem, weil diese alte Führungsgarde oft in Schlüsselpositionen sitzt und sich zudem um ihr Unternehmen verdient gemacht hat.[167]

Jeder Unternehmensleiter wird sich schwer tun, Mitgliedern der Führungsriege, die ihn beim Aufbau und der Expansion seines Betriebes begleitet und geholfen haben, nun begreiflich zu machen, daß ihr Verhalten, das über Jahre zum Erfolg geführt hat, nun nicht mehr zeitgemäß ist. In den Aufbau- und Konsolidierungsjahren hat ihre Art des Führungsverhaltens auf die Unternehmensziele positiv unterstützend gewirkt, warum soll es jetzt plötzlich nicht mehr so sein?

Wer keine offene Konfrontation provozieren möchte, deren Ergebnis eigentlich nur die Trennung sein kann, der muß den zeitraubenden sanften Weg gehen. Bei der Bayerischen Hypotheken- und Wechsel-Bank AG hat dieser fast 10 Jahre gedauert.[168]

Auf sanftem Weg die alten Strukturen zu knacken ist langwierig. Das Ziel dabei ist, daß die skeptischen Vorgesetzten für die neuen Ideen gewonnen werden.[169]

Man möchte die alten Garden nicht vor den Kopf stoßen, gleichzeitig aber auch auf keinen Fall auf die Vorteile eines mitarbeiterorientierten Informations- und Kommunikationsmanagements verzichten, das mit zu den prozeßsteuernden Maßnahmen des Management by Joy zählt.

Ein – bereits bei einigen Firmen erprobtes – Instrument zur Lösung dieses Dilemmas ist die Zangen-Methode.

---

167 Vgl. dazu: Vorgesetzte in der Pflicht, ohne Angabe des Verfassers (Management Wissen, Heft 4, April 1991, S. 20).

168 Vgl. ebenda

169 Vgl. ebenda, S. 21

Die Zangen-Methode

Harte Positionen müssen zeitgleich von oben und von unten aufgeweicht werden, zusätzlich bringen neu eingestellte Mitarbeiter frischen Wind ins Unternehmen.[170] Die Firma IBM praktiziert diese Zangenmethode. Die regelmäßig zu Jahresbeginn stattfindende Konferenz der obersten Führungskräfte wird dazu benutzt, die jeweils neuen Prioritäten des Unternehmens vorzustellen und den leitenden Mitarbeitern Argumentationshilfen an die Hand zu geben.

Die Teilnehmer werden mit umfassenden Informationen ausgestattet und dann im folgenden darauf eingeschworen, ihre Informationen und die neuen Prioritäten des Unternehmens an die Mitarbeiter im persönlichen Gespräch weiterzugeben. Gleichzeitig werden die Ergebnisse dieser Führungskräftekonferenz durch Videofilm und Mitarbeiterzeitung festgehalten und allen Mitarbeitern zugänglich gemacht. Diese werden dazu angeregt, weitere Informationen bei ihrem jeweiligen Chef einzuholen. Damit sind die Vorgesetzten in der Pflicht, mit ihren Mitarbeitern in einen Dialog einzutreten.[171]

Zur Zangenstrategie gehört auch die Schaffung direkter Kanäle, das heißt daß Mitarbeiter unter Umgehung der Hierarchiestufen Probleme direkt an oberster Stelle vortragen können. Diese Möglichkeit schafft für die Abteilungsleiter Druck zum Handeln. Sie werden damit genötigt, die Anregungen und Forderungen ihrer Mitarbeiter aufzunehmen.

Abteilungsleiter haben keine Möglichkeit mehr, Informationen zurückzuhalten und Kommunikationswege zu blockieren, da der einzelne Mitarbeiter sie dann umgeht. Der direkte Draht nach «ganz oben» stärkt auch das Selbstbewußtsein der Mitarbeiter «ganz unten».

Selbstbewußte Mitarbeiter sind in einem demokratisch organisierten Unternehmen eine Säule des Unternehmenserfolgs. Selbstbewußte Mitarbeiter tragen auch eine selbstbewußte Unternehmenskultur positiv nach außen.

Bei Personalneueinstellungen sollte von vornherein darauf geachtet werden, daß man kommunikative Mitarbeiter für das Unternehmen gewinnt. Die dürfen nicht nur die Fachkommunikation beherrschen, sondern sie müssen auch generell bereit zu offener Kommunikation sein.

---

170 Vgl. ebenda.

171 Vgl. ebenda, S. 21 ff.

Offene Kommunikationskultur

Schweigsame Chefs stehen inzwischen auf verlorenem Posten. «Sie sehen sich in die Zange genommen: Von unten drängen selbstbewußte Mitarbeiter, die mitdenken und mitreden wollen, von oben drücken die Bosse der Geschäftsleitung, die neuerdings gerne ‹offene Kommunikation› propagieren.»[172]

Offene Kommunikation setzt Hierarchien keineswegs außer Kraft. Sie läßt nur den Mitarbeitern einen größeren Spielraum zur Gestaltung ihrer eigenen Arbeit und ihres Arbeitsumfeldes.

In Unternehmen, die offene Kommunikation praktizieren, ist es nicht nötig, Mitarbeiter an der kurzen Leine zu führen. Ihnen werden die Unternehmensziele klar, es müssen nicht dauernd neue Anweisungen gegeben werden. Die Mitarbeiter fühlen sich mitverantwortlich und entscheiden quasi als Mitunternehmer über einzelne Maßnahmen, die in ihrem Arbeitsgebiet zu treffen sind.

Offene Kommunikation schafft den Mitarbeitern die Transparenz, die sie für ihren Entscheidungsrahmen brauchen. Ohne Informationsfluß ist eine Mitverantwortung des Mitarbeiters ausgeschlossen. Liegen ihm nicht alle zu einer Entscheidung notwendigen umfassenden Informationen vor, so kann er zwischen Entscheidungsalternativen nicht abwägen. Ein propagierter partizipativer Führungsstil bleibt ein Lippenbekenntnis und läuft ins Leere.

Wer offene Kommunikation in seinem Unternehmen fordert, der muß also auch Entscheidungsfreiräume für die Mitarbeiter schaffen. Über alles informiert zu sein, aber nicht entscheiden zu dürfen, frustriert. Viele Mitarbeiter wollen heute Mitdenker, Mitentscheider und Mitunternehmer sein, sie verstehen sich immer weniger als reine Erfüllungsgehilfen oder Handlanger von Abteilungschefs.

Mitarbeiter fühlen ihr eigenes geistiges Potential unterbewertet, wenn sie bei Planung, Entscheidung und Durchführung unternehmerischer Maßnahmen lediglich an der Durchführung beteiligt werden. Werden die geistigen Kapazitäten von Arbeitnehmern unterschätzt, so wird die Motivation maßgeblich beeinträchtigt.

---

172 Wege zur neuen Offenheit, ohne Angabe der Verfasser (Management Wissen, Heft Nr. 4, April 1991, S. 17).

Wem nichts zugetraut wird, der leistet mit der Zeit auch immer weniger. Wer nicht mitdenken darf, der macht eben nur noch «Dienst nach Vorschrift».

Kommunikation und Konflikt

Ein weiterer wichtiger Vorteil offener Kommunikation ist die Verhinderung von Reibungsverlusten und Mißverständnissen, die bei unterdrückter Kommunikation häufig zu finden sind. Ob diese Konflikte daher rühren, daß frustrierte Mitarbeiter wissentlich den Arbeitsablauf blockieren oder daher, daß wesentliche Informationen fehlen, mag dahingestellt bleiben.

Vermutlich läßt sich nicht ausschließen, daß Mitarbeiter, denen wesentliche Informationen vorenthalten werden und solche, die in Unternehmen arbeiten, bei denen sich die Kommunikation auf den Mindeststandard von Anweisungen beschränkt, dazu übergehen, selbst den Informationsfluß zu blockieren. Sie übernehmen die unternehmerischen Spielregeln und spielen beim großen «Blinde-Kuh»-Spiel mit. Muß es da wundern, wenn die Produktivität dabei auf der Strecke bleibt? Um den Sinn und Zweck offener Kommunikation zu begreifen, kann es oft schon helfen, daß sich die Führungskraft in ihre Mitarbeiter hineinversetzt. Welcher Manager würde schon akzeptieren, daß er erst während des vermuteten Fluges zum Mond darüber in Kenntnis gesetzt wird, daß es in Wirklichkeit zum Mars geht? Oder anders gefragt: Wäre ein Manager gleichzeitig sein eigener Mitarbeiter, wäre er dann mit seinem Kommunikationsstil zufrieden?

Die Imagewirksamkeit der Unternehmenskommunikation

Die positive Verankerung des Unternehmensbildes im Bewußtsein der Marktteilnehmer wirkt zweifach auf die Arbeitsfreude der Arbeitnehmer eines solchen Unternehmens:

Zum einen unterstützt sie das Zugehörigkeitsgefühl. Die Mitarbeiter sind stolz, für eine Firma, deren Ansehen in der Öffentlichkeit im positiven Bereich liegt, zu arbeiten. Und dieser Stolz wirkt motivierend.

Gleichzeitig partizipieren sie mental am Erfolg ihrer Arbeitsleistung im Blick der Öffentlichkeit.

Eine positiv wirkende Unternehmenskommunikation steigert die Marktbedeutung eines Unternehmens. Neben den absatzpolitischen Auswirkungen stehen die beschäftigungspolitischen. Das Unternehmen wird attraktiv für potentielle Mitarbeiter, ein Effekt, der gerade angesichts der Verknappung des Angebots an qualifizierten Mitarbeitern bei gleichzeitig steigender Nachfrage seitens der Unternehmen in den kommenden Jahren wünschenswert sein dürfte.

Zur Unternehmenskommunikation darf nicht nur die Kommunikation nach außen, zur Öffentlichkeit hin, sondern muß geradezu auch die Kommunikation nach innen zählen. Wirkt sie nur nach außen, so besteht die Gefahr, daß die Mitarbeiter sich unterbewertet fühlen. Sie könnten dann dem positiven Image nach außen zumindest in ihrem privaten Umfeld durch Gegeninformationen entgegenwirken. Zwar bleibt in diesem Fall die schlechte Imagewirkung auf lokale Einflußgebiete beschränkt, die Frustration der Mitarbeiter jedoch wirkt weiter.

Motivational erfolgreich kann Unternehmenskommunikation also nur dann sein, wenn sie nicht auf Außenwirkung beschränkt bleibt. Der Mitarbeiter muß sich genauso ernst genommen fühlen wie der Kunde. Vorne hui und hinten pfui stößt erst dem Mitarbeiter und über diesen dann dem Kunden auf.

Umgang mit Informationen

Die Fülle von Informationen, der jeder von uns ausgesetzt ist, kann zu sehr unterschiedlichem Umgang mit Informationen führen.

Manche schalten einfach ab, fühlen sich angesichts der sie erschlagenden Informationsflut unfähig, zwischen wichtigen und unwichtigen Informationen zu unterscheiden, und sperren sich so generell gegen Informationsaufnahme.

Konträr dazu steht das Verhalten anderer, die glauben, alle sich ihnen bietenden Informationen verschlingen zu müssen. Beide Extrempositionen können nicht als Lösungsmodell für das Umgehen mit der Fülle von Informationen gesehen werden.

Ein möglicher Weg liegt in der punktuellen Informationsaufnahme. Nur solche Informationen, die unserem gedanklichen Grundgerüst entsprechen und sich in vorhandene Denkmuster einbauen lassen, werden übernommen. Auch nur bei ihnen ist eine Abspeicherung im Gedächtnis möglich.

So werden vorhandene Denkstrukturen immer weiter ausgebaut. Neue Denkmuster können eigentlich nur dann unsere Köpfe erobern, wenn wir Zeit und Muße haben, nicht nur punktuell, sondern auch umfassend Informationen zu einem Interessenkomplex aufzunehmen. Aber diese Zeit und Muße wird heute von kaum jemandem noch aufgebracht werden können. So müssen wir unsere Auffassungsgabe stählen, Informationsverarbeitungsprozesse abkürzen, kurz: das Denken beschleunigen, um für die ständig wachsenden Anforderungen gewappnet zu sein.

Aus knappen Informationen werden oft weitreichende Schlüsse gezogen. Um Entscheidungen abzusichern, werden immer neue Informationen in Form von Statistiken jeglicher Art erstellt.

So werden aus Zahlenreihen Schlüsse für Verhalten gezogen. Konzepte und Strategien entstehen aus dem Zusammenwürfeln vieler Einzelinformationen, die hier und dort, gestern und heute, aus der Fülle uns erreichender Informationen herausgepickt wurden.

Hatte man früher Zeit, ein Buch von vorne bis hinten zu lesen, so bleibt heute nur noch Zeit zum Quer- beziehungsweise absatzweisen Lesen.

Die Evolution beschleunigt sich, und wer Schritt halten und begreifen will, der muß sein Gehirn stärker auslasten.

Informationsflut und betriebliche Kommunikation

Ein weiterer Aspekt, der in bezug auf die betriebliche Kommunikation beachtet werden sollte, ist folgender: Durch umfassende Presseberichterstattung, durch Funk- und Fernsehfeatures sind die Menschen inzwischen daran gewöhnt, über alles und jedes informiert zu werden. Aus der die Menschen überrollenden Nachrichtenflut resultiert eine allseitige Informiertheit.

Das Schlagwort von der Informationsflut drückt ein Mißbehagen aus, das seinen Ursprung in der rasanten Entwicklung immer neuer Informationsschriften, Broschüren, sonstiger Medienkanäle und ähnlichem hat.

Überspitzt gesagt, wird man inzwischen sogar fast darüber informiert, wenn in China ein Fahrrad umfällt. Wichtige oder belanglose Dinge, alles scheint mitteilungswert zu sein. Selbst nüchterne Geschäftsberichte werden Yellow-Press-artig aufgemacht. Sensationen, Sensatiönchen und Klön-Schnack werden für wert empfunden, einer breiten Öffentlichkeit nahegebracht zu werden. Kein Elend ist zu privat, als daß es sich nicht zu einem Aufreißer ummodeln ließe.«Wir informieren uns zu Tode!» lautete ein Vortrag des amerikanischen Buchautors Neil Postman, der schon mit seinem Bestseller «Das Verschwinden der Kindheit»[173] die elektronischen Medien aufs Korn nahm.

Fernsehen, das ist für Postman das Medium der totalen Enthüllung. Kein Geheimnis wird mehr offengelassen. Die Privatheit, die den schriftlichen Medien bisher noch nie total anheimfallen konnte, wird beim Fernsehen der Sensationsgier geopfert. Ist das Fernsehen tatsächlich das oft propagierte Fenster zur Welt, oder ist es nicht eher ein Medium, das neben dem kleinen Teil kühler Berichterstattung auf der großen Klaviatur der Emotionen mitspielen möchte?

Bei seiner Informationspolitik steht das Unternehmen in Konkurrenz zu allen für die Arbeitnehmer sonst noch erreichbaren Medien. Deshalb plädiert Christian Deutsch in seinem Artikel «Dialog mit System»[174] für einen differenzierten Einsatz von Informationsinstrumenten. Oberstes Ziel muß dabei die Beschränkung auf das Wesentliche sein.

---

173 Postman, Neil, Das Verschwinden der Kindheit, Frankfurt am Main, 1983.

174 Deutsch, Christian, Dialog mit System (Management Wissen, Heft 4, April 1991, S. 22 ff.).

Da Information nicht alleine steht, sondern die Grundlage für Kommunikationsprozesse bildet, ist dies gleichzeitig eine Forderung, Kommunikationsprozesse zu straffen. Aber so einfach ist das nicht.

Kommunikationsmarketing und Macht

Deutsch schlägt ein Kommunikationsmarketing mit drei wesentlichen Schritten vor: Eine genaue Analyse von Zielgruppen und ihren Kommunikationsbedürfnissen, eine Festlegung von Kommunikationsinhalten und als Drittes ein differenzierter und gezielter Einsatz von Instrumenten und Medien.

Wird da nicht Information und Kommunikation zu sehr vermischt? Ohne Zweifel besteht eine gegenseitige Abhängigkeit. Ohne Kommunikation gibt es keinen Informationsfluß, und Kommunikation hat natürlich auch immer Informationen irgendeiner Art zum Inhalt.

Aber das hier vorgeschlagene Kommunikationsmarketing reglementiert und standardisiert dynamische Prozesse, die gerade erst als positiv und produktivitäts- sowie motivationssteigernd für die Betriebe erkannt werden. Werden mit dermaßen starren Kommunikationsstrukturen nicht überwunden geglaubte traditionelle Führungsstrukturen durch die Hintertür wieder eingeführt?

Gerade atmet der Mitarbeiter auf, weil ihm bedeutet wird, daß von nun an durch offene Kommunikation und demokratischen Führungsstil seine ganze Persönlichkeit im Betrieb begriffen und gebraucht wird, da wird hinter dem Vorwand der Überinformiertheit sein Sachverstand und sein Verantwortungsgefühl schon wieder in Frage gestellt. Informationen sind wieder Machtmittel und werden nur dosiert vergeben, in Kommunikationsprozesse werden nur diejenigen integriert, die es direkt betrifft, und den Mitarbeitern wird nicht zugetraut, aus den Unternehmensnachrichten diejenigen herauszufischen, die für ihre eigene Arbeit wichtig sind. Zwei Schritte vor und einen zurück?

Informationen sind Machtinstrumente. Wer andere informiert, gibt Macht ab. Er hat kein Monopolwissen mehr.

Wenn ein Vorgesetzter an seinen Qualitäten zweifelt, dann kommt er in die Versuchung, seinen Informationsvorsprung überzubewerten. Er hält ihn für ein machtsicherndes Instrument, das er auf keinen Fall mit anderen teilen will.

Der Informationsfluß entzieht ihm seines Erachtens seine Machtbasis und macht ihn nach eigener Einschätzung machtlos. Solange er nicht über ein gesundes Selbstbewußtsein verfügt und sich weiterer eigener Qualitäten sicher ist, wird er nicht freiwillig von diesem Machtmittel zurücktreten. Die angesprochene Angst vor der Informationsflut auch innerhalb des Betriebes sollte zwar nicht einfach zur Seite gewischt werden, sie muß aber insoweit eine Relativierung erfahren, als es sich bei Unternehmensnachrichten um Informationen handelt, zu denen der Mitarbeiter einen direkten Bezug hat.

Es gibt kaum etwas, über das man nicht schon gelesen oder gehört hätte. Auch wenn es sich häufig nur um Pseudowissen handelt und das Detailwissen fehlt, so denken doch viele, von allem etwas zu wissen. Um so mehr werden sie dann von Unternehmen frustriert, in denen aus Unternehmenszahlen oder Unternehmensentscheidungen noch große Geheimnisse gemacht werden.

Selbst wenn solche Details nicht an die Öffentlichkeit dringen sollen, kann der Mitarbeiter doch nicht verstehen, warum sie ihm, der seine Lebenszeit dem Unternehmen zur Verfügung stellt, nicht mitgeteilt werden. Schätzt er sich doch selber als loyal und fähig ein, Geheimnisträger zu sein. Hier darf der Mitarbeiter also auch nicht unterschätzt werden.

Unternehmensentscheidungen, die er erst aus der Presse erfährt, beeinflussen seine Arbeitsmoral und Arbeitsmotivation erheblich. Er wird sich ähnlich schlecht fühlen wie in einem Auto, dem die Tankuhr fehlt und wo man erst durch das Liegenbleiben auf der Straße darüber in Kenntnis gesetzt wird, daß das Benzin alle ist. Der Mitarbeiter ist in die Betriebsgeschehnisse involviert, und insofern interessieren ihn Neuigkeiten aus dem betrieblichen Umfeld weitaus mehr als das berühmte Fahrrad in China. Dies sollte bei allen Überlegungen zur Drosselung des betrieblichen Informationswesens nicht außer acht gelassen werden.

Information und Kommunikation sind die Mittel, mit denen dem Mitarbeiter seine Verantwortung am Unternehmenserfolg mitgeteilt wird.

Management by Joy kann nur dann gedeihen, wenn ein offenes Kommunikationsklima herrscht. Informationen über das Unternehmen und speziell über das mitarbeitereigene Verantwortungsfeld müssen selbstverständlich sein. Die Kommunikation der Mitarbeiter untereinander, also die horizontale Kommunikation, muß ebenso geübt werden wie die vertikale Kommunikation über die Hierarchiestufen hinweg. Zudem wird mit kommunikativen Mitteln Unternehmenskultur vermittelt. Auch visionäres Management ist ohne offene Kommunikation nicht möglich.

Kommunikationseffizienz im Triangel-Modell

In welche Richtungen sollte Kommunikation betrieben werden? Wo ist die Kommunikationseffizienz am höchsten? In welche Kanäle sollten Kommunikationsmaßnahmen münden?

In Zeiten knapper Ressourcen müssen die Mittel möglichst erfolgseffizient verteilt werden. Auch bei der Kommunikation ist der Unternehmenserfolg das zentrale Kriterium. Aber für Management by Joy darf der Mitarbeiter im Kommunikationsmanagement nicht vernachlässigt werden.

Infratest Burke hat zur Erhöhung der Kommunikationseffizienz ein Triangel-Modell entwickelt. An jeder Ecke der Triangel ist eine Bezugsgruppe für Kommunikationsmaßnahmen angesiedelt. Zu den drei Zielgruppen gehören Kunden, Mitarbeiter und Öffentlichkeit.

Jede der drei Gruppen läßt sich wieder teilen: in aktive, potentielle und ehemalige Kunden, gegenwärtige und zukünftige Mitarbeiter, die allgemeine Öffentlichkeit, die sogenannte Business-Öffentlichkeit, die Meinungsführer, die Medien und als wichtige Sondergruppe: die Anteilseigner.[175]

Infratest Burke unterstützt somit den Gedanken, daß für den Unternehmenserfolg heute nicht mehr nur der Kunde und die Öffentlichkeit, sondern daß heute auch der Mitarbeiter eine entscheidende Rolle im Kommunikationsmanagement spielen muß, denn das Bild des Unternehmens muß in den Augen aller genannten Gruppen übereinstimmen.

Ein durch gelungene Öffentlichkeitsarbeit neugierig gemachter Kunde, der ein Produkt erwirbt, das nicht den durch PR-Maßnahmen geweckten Erwartungen entspricht, fühlt sich düpiert.

Ähnlich wird es einem neuen Mitarbeiter gehen, der einem – durch geschickte Kommunikationspolitik geschaffenen – Unternehmensimage «auf den Leim gegangen ist».

Die auf die drei genannten Zielgruppen gerichtete Kommunikationspolitik muß also harmonisch angelegt sein, soll sie zum Unternehmenserfolg führen.

Die Mitarbeiterorientierung greift nur, wenn die Außenwirkung des Unternehmens mit den inneren Gegebenheiten übereinstimmt. Gerade bei

---

175 Vgl. hierzu Scharioth, Joachim, Erfolgreich kommunizieren, Kommunikationseffizienz und Kundenbindung (Frankfurter Allgemeine Zeitung vom 03.09.1991, Nr. 204, Sonderteil Kommunikation und Medien, Seite B 19).

einem Unternehmen mit hohem Ansehen in der Öffentlichkeit kommen zukünftige Mitarbeiter mit hohen Erwartungen in das Unternehmen.

Oft sind zukünftige Mitarbeiter eines Unternehmens mit hohem Ansehen schon dadurch besonders motiviert, daß sie die Bewerberauswahl für sich entschieden haben. Stellt sich für sie das hohe Ansehen nach Eintritt in die Firma nur noch als «schöner Schein» heraus, sind sie doppelt frustriert. Ihre Toleranzgrenze ist dann sehr niedrig. «Kommunikationsanstrengungen sind nur dann erfolgreich, wenn die konkreten Leistungen die Auslagen bestätigen, wenn Handeln und Kommunikation nach innen und außen stimmig sind.»[176]

---

176 Vgl. ebenda

VI. Ausblick: Knappheitsfaktor der neunziger Jahre – der motivierte Mitarbeiter

Der Wandel des Marktes vom Verkäufer- zum Käufermarkt, von der Knappheits- zur Überflußgesellschaft fordert von den Unternehmen eine systematische Markterschließung, Marktpflege und eine hohe Produktivität in den Betrieben.

Wettbewerbsvorteile sind nur noch durch gezielte unternehmerische Maßnahmen zu erreichen. Moderne Technik, Systematik in der Entscheidungsfindung und vor allem das Finden von Problemlösungen für vorhandene und potentielle Kunden erfordern völlig neue Qualitäten. Kreativität und Initiative der Unternehmensmitglieder entscheiden heute über Sieg und Platz im Wettbewerb. Mitarbeiter, die nur ihre Pflicht tun, können ein Unternehmen nicht mehr auf die Gewinnerseite bringen.

Der motivierte Mitarbeiter, der als Quasi-Mitunternehmer im Sinne der Unternehmensleitung handelt, ist gefragt. Neben Kreativität und Innovationskraft muß ein solcher Mitarbeiter auch die Fähigkeit haben, die Unternehmenskultur zu leben und nach außen zu repräsentieren.

Mitarbeiter, die diese Fähigkeit mitbringen, sind rar gesät. Da Unternehmen aber nicht auf sie verzichten können, wenn sie wettbewerbsfähig bleiben wollen, müssen sie eine Doppelstrategie verfolgen:

1. Zum einen müssen sie diesen Mitarbeitern ein Umfeld geben, daß ihnen genügend Freiraum zum Einbringen ihrer besonderen Fähigkeiten läßt.

2. Zum anderen müssen sie bemüht sein, eigene Mitarbeiter so zu schulen und ihnen gleichzeitig Entscheidungsfreiräume zu verschaffen, daß sie ihren Bedarf an dieser Art von Mitarbeitern aus den eigenen Reihen befriedigen können.

Der in diesem Buch gezeichnete Weg des Management by Joy hilft den Unternehmen, nicht nur attraktiv für externe Gruppen und potentielle Mitarbeiter zu sein, sondern auch bewußtseinsverändernd auf die eigenen Mitarbeiter zu wirken.

Management by Joy heißt aber nicht, den Mitarbeitern den Himmel auf Erden zu bereiten und die Firma dabei herunterzuwirtschaften. Management by Joy knüpft daran an, daß eine Firma immer nur so erfolgreich ist, wie es die Menschen, die in ihr beschäftigt sind, zulassen.[177]

---

177 Brommer, Ulrike, Erfolg durch Identifikation und Motivation der Mitarbeiter: Selbstmotivierungskräfte kultivieren (Gabler's Magazin, Heft Nr. 12/1990, S. 22).

Arbeitszeit ist Lebenszeit. Der Mitarbeiter – vor allem aber der motivierte Mitarbeiter – wird über den Erfolg und den Mißerfolg des gesamten Unternehmens entscheiden.

Gleichzeitig wird er zum Knappheitsfaktor Nummer eins. Vorhandene Mitarbeiter zu qualifizieren und zu motivieren wird also zur dringlichen Aufgabe der nächsten Jahre.

Aus dem vollen wird kein personalsuchendes Unternehmen schöpfen können, deshalb muß das größere Augenmerk auf die Fähigkeit gerichtet werden, Mitarbeiter zu halten, produktiv in den Arbeitsprozeß einzugliedern und durch die Partizipation am Erfolg zu motivieren.

Auch die Unternehmenskultur wird eine führende Rolle spielen, wenn es darum geht, neue Mitarbeiter zu rekrutieren, denn zunehmend wird nicht der Unternehmer seine zukünftigen Mitarbeiter auswählen, sondern immer häufiger wird er selbst von ihnen erwählt.

Nur wenn es gelingt, die Ziele des Unternehmens so zu stecken, daß auch die Mitarbeiter dabei ihre Motive befriedigen können, wird der Mitarbeiter zum Erfolgsfaktor.

Im Prinzip wollen die Mitarbeiter nur das, was Unternehmensleiter und Führungskräfte auch wollen, nämlich etwas mit Freude tun und den Erfolg des Tuns genießen.

Es gibt leider immer noch Vorgesetzte, die nicht erkennen, daß sie und ihre Mitarbeiter lediglich die Tatsache trennt, daß Führungskräfte nicht nur die Chance zur Höherqualifizierung hatten, sondern diese auch wahrgenommen haben. Hinzu treten glückliche Umstände, vielleicht ein verstärkter persönlicher Ehrgeiz und ein Umfeld, das es ihnen ermöglichte, ihren Weg zu gehen.

Die Zeiten, in denen Menschen wie Maschinen nach Rentabilitätsgesichtspunkten in den Betrieben eingesetzt werden konnten, sind endgültig vorbei. Wer heute nicht auf die Persönlichkeit seiner Mitarbeiter eingeht, ihre Motive beachtet und ihnen die Befriedigung ihrer Bedürfnisse und die Verschaffung von Arbeitsfreude innerhalb der Unternehmensmauern garantieren kann, dessen Konkurrenzfähigkeit am Markt ist gefährdet.

Nahezu gleicher Industrie- und Dienstleistungsstandard schaffen Angebotsgleichheit. Produkte und Dienstleistungen sind fast identisch, so daß andere Wettbewerbsfaktoren mehr als bisher über das Bestehen am Markt entscheiden.

Immer mehr Arbeitsgänge lassen sich so standardisieren, daß sie von Maschinen übernommen werden können. Gleichzeitig werden qualifizierte Stellen in den Betrieben neu geschaffen.

Für diese höherwertigen Leistungen müssen die Mitarbeiter motiviert werden. Die alten Chef-/Untergebenenverhältnisse unterliegen der Korrosion und der Erosion.

Zum ersten Mal seit der Industrialisierung ist ein Entwicklungsstand erreicht, bei dem es nötig wird, mit den Menschen im Unternehmen so umzugehen, wie es ihrem Wesen entspricht. Humanität und Hedonismus resultieren dabei nicht aus der menschlichen oder altruistischen Einstellung der Unternehmer, sondern sind ein blankes Erfordernis, das hervorgerufen wird durch die wirtschaftliche Entwicklung.

150 Jahre Industriegeschichte waren nötig, um nicht auf der Grundlage von Marx – dieser Versuch ist ja bekannterweise gescheitert –,sondern auf der Grundlage eines marktwirtschaftlichen Wirtschaftssystems zur Menschlichkeit zurückzukehren.

Literaturverzeichnis

Altmann, Hans Christian, Motivation der Mitarbeiter: Methoden, Konzepte, Erfolgsbeispiele, Frankfurt 1989.

Bachinger, R. (Hrsg.), Unternehmenskultur, Ein Weg zum Markterfolg, aus der Reihe: Blick durch die Wirtschaft, Frankfurter Allgemeine Zeitung, 1. Auflage, Frankfurt 1990.

Bechinie, Ernst, Erfolgsfaktoren und -strategien für die Führung: Wie überlebe ich in der Komplexität?, in: Gabler's Magazin, Heft 12/1990

Bonsen, Matthias zur, Vision und Alignment: Das Unternehmen in Höchstform bringen, in: Gabler's Magazin, Nr. 12/1990.

Brommer Ulrike, Erfolg durch Identifikation und Motivation der Mitarbeiter, Selbstmotivierungskräfte kultivieren, in: Gabler's Magazin, Heft 12/1990.

Bryce, Lee, Frauen auf Erfolgskurs, Strategien für den beruflichen Aufstieg.

Burghardt, Anton, Die Krankheit als soziologisches Phänomen, in: Aktuelle Probleme der Gesundheitspolitik in der BRD, herausgegeben von Heinz Lampert, Schriften des Vereins für Sozialpolitik, Neue Folge, Band 82.

Chamfort, Maximes et pensées.

Correll, Werner, Motivation und Überzeugung in Führung und Verkauf, 6. Auflage, Landsberg/Lech, 1991.

Correll, Werner, Menschen durchschauen und richtig behandeln: Psychologie für Beruf und Familie, 11. Auflage, München 1991.

Das Leitbild ist fertig: Jetzt kommt die Umsetzung. Ruhrkohle Werkszeitung, Heft 8/91.

Demuth, A., Eine Verfassung für das Unternehmen, aus: Bachinger, R. (Hrsg.), Unternehmenskultur, Ein Weg zum Markterfolg, aus der Reihe: Blick durch die Wirtschaft, Frankfurter Allgemeine Zeitung, 1. Auflage, Frankfurt 1990.

Der große Duden, Fremdwörterbuch, der große Duden, Band 5, bearbeitet von Karl-Heinz Ahlheim u. a., 2. verbesserte und vermehrte Auflage, Mannheim 1966.

Deutsch, Christian, Dialog mit System, in Management Wissen, Heft 4, April 1991.

Ebner, Angelika, Alternatives Management, IBM-Mitarbeiter in gemeinnützigen Projekten, in: Frankfurter Allgemeine Zeitung vom 14.09.1991, Nr. 214.

Feix, W. E. (Hrsg.), Personal 2000, Vision und Strategien erfolgreicher Personalarbeit, Wiesbaden 1991.

Fischer, Gabriele, Helden der Arbeit, in: Manager Magazin, 21. Jg., Heft 6/1991.

Friederichs, Peter, Fach- und Führungskräfte: Auswahl, Integration und Entwicklung, in: Feix, W. E. (Hrsg.), Personal 2000, Vision und Strategien erfolgreicher Personalarbeit, Wiesbaden 1991.

FSP, Frankfurter Studio- und Programmgesellschaft mbH, Agenten des Wandels, Stationen auf dem Weg zum Manager der Zukunft, VHS-Video, Frankfurt 1990.

Gerken, Gerd, Management by Love, Mehr Erfolg durch Menschlichkeit, 4. Aufl., Düsseldorf, Wien, New York 1991.

Gerken, Gerd, RADAR für TRENDS, Zukunfts-Letter Nr. 20, November 1989.

Gesellschaft für Konsumforschung, Mensch und Arbeit 2000.

Gönczol, Janos, Strategische Informationspolitik, Unternehmenskommunikation gewinnt an Bedeutung, in Frankfurter Allgemeine Zeitung vom 03.09.1991, Nr. 204, Sonderteil Kommunikation und Medien, Seite B 19.

Grubel, Herbert, Soziale Sicherheit und Weltinflation, Tübingen 1974, aus der Reihe: Kieler Vorträge, gehalten am Institut für Weltwirtschaft, hrsg. von Herbert Giersch, Neue Folge, Heft 78.

Hall, Edward T.; Hall, Mildred Reed, Verborgene Signale, Studien zur internationalen Kommunikation, Hamburg 1983.

Heidemann, Fred J., Die Arbeitsmotivation von Arbeitern und Angestellten der deutschen Wirtschaft: Ergebnisse und Analyse einer Umfrage bei Arbeitern und Angestellten / Auswertung der Umfrage: Fred J. Heidemann, durchgeführt vom EMNID im Auftrag des Instituts für Wirtschaft und Gesundheit Bonn und der Bertelsmann-Stiftung, Gütersloh 1987.

Henes-Karnahl, Beate, Persönliche Hindernisse bei Erfolgsstrategien: Störfaktoren nicht außer acht lassen, in: Gablers's Magazin, Heft 12/1990.

„Herrscht jetzt Anarchie?“, in: Der Spiegel, Heft Nr. 32 vom 5. August 1991, 45. Jahrgang.

Herzberg, F./Mausner, B./Synderman, B. D., The motivation to work, 2. Aufl., New York 1967.

Hoffmann, Klaus, Schliff nach Drehbuch, in: Manager Magazin, 21. Jg., Heft 6/1991.

Höhler, Gertrud, Das Glück, Analyse einer Sehnsucht, Neuauflage, Düsseldorf/Wien/New York 1988.

Hommes, Ulrich, Der Fortschritt der Technik und das Verlangen nach Glück, in: DSWR, Datenverarbeitung/Steuern/Wirtschaft/Recht, Sonderheft 1991, Nürnberg 1991.

Ihering, Der Zweck im Recht.

Kasper, H., Symbolisches Management – der Vorgesetzte als „Sinnstifter“, aus: Bachinger, R. (Hrsg.), Unternehmenskultur, Ein Weg zum Markterfolg, aus der Reihe: Blick durch die Wirtschaft, Frankfurter Allgemeine Zeitung, 1. Auflage, Frankfurt 1990.

Keller, Gottfried, Züricher Novellen.

Klages, H. Wertewandel: Rückblick, Gegenwartsanalyse, Ausblick, in: Feix, Wilfried E. (Hrsg.), Personal 2000, Visionen und Strategien erfolgreicher Personalarbeit, Wiesbaden 1991.

Kompa, Ain, Gestaltung von Unternehmenskultur – eine neue Chance oder eine neue Gefahr?, aus: Bachinger, R. (Hrsg.), Unternehmenskultur, Ein Weg zum Markterfolg, aus der Reihe: Blick durch die Wirtschaft, Frankfurter Allgemeine Zeitung, 1. Auflage, Frankfurt 1990.

Kompendium der Volkswirtschaftslehre, herausgegeben von W. Ehrlicher u. a., Band 2, 2. durchgesehene Auflage, Göttingen 1968.

Kretch, D.,/Crutchfield, R. S., Grundlagen der Psychologie, Weinheim/Basel 1985.

Lalwer, E. E., Motivation in work organizations, Monterey/California 1973.

Lewin, K./Lippit, R./White, R., Patterns of aggresive behaviors in experimentally created „social climates“, in: Journal of Social Psychology 10, 1939.

Lukas, Andreas, 4. DGFP-Kongreß, Unternehmensorientierte Personalarbeit: Personal zu der Erfolgsdeterminanten machen, in: Gabler's Magazin 9/91.

Manager aus aller Welt über die Zukunft, Harvard-Studie, in: Harvard Manager, Theorie und Praxis des Managements, Heft 3, 13. Jg., III. Quartal 1991.
Maslow, A. H., Motivation and Personality, New York 1954
Megerle, Rainer M., Bausteine einer visionären Personalpolitik: Motivationsmanagement, in: Personal 2000, Visionen und Strategien erfolgreicher Personalarbeit, hrsg. v. Wilfried E. Feix, Wiesbaden 1991.
Meyers großes Handlexikon, herausgegeben und bearbeitet von Meyers Lexikonredaktion, 15. vollständig überarbeitete und ergänzte Auflage, Mannheim/Wien/Zürich 1989.
Moser, Hans-Peter, Bausteine einer visionären Personalpolitik: Ein angstfreies Miteinander, in: Personal 2000, Visionen und Strategien erfolgreicher Personalarbeit, hrsg. v. Wilfried E. Feix, Wiesbaden 1991.

Nagel, Kurt, Persönliche Erfolgsstrategien: Mit System zum Erfolg, in: Gabler's Magazin, Heft 12/1990.
Nell-Breuning, Oswald von, Baugesetze der Gesellschaft, Gegenseitige Verantwortung – Hilfreicher Beistand. Freiburg im Breisgau 1968.
New England, Journal of Medicine, Band 325.
Nischlag, R./Dichtl, E./Hörschgen, H., Marketing, 14. völlig neu bearbeitete Auflage, Berlin 1985.

öGB-Nachrichtendienst, Wien Nr. 1730 vom 30.05.1974.
Olson, Mancur, Die Logik des kollektiven Handelns, 1954.

Peters, T. J., Waterman, R. H. jun., In search of Excellence, New York 1982.
Postman, Neil, Das Verschwinden der Kindheit, Frankfurt am Main, 1983

RAG, Ruhrkohle AG, Das Unternehmensleitbild, O. D.
Rehfeld, John E., Japan I, Methoden, die sie nicht kennen – ein Topmanager berichtet, in: Harvard Manager, Theorie und Praxis des Managements, 13. Jg., Heft 3, III. Quartal 1991.
Rhein-Zeitung Nr. 208 vom 7./8. September 1991.
Robinson, John P., Universität von Maryland, „Use of time" Projekt im Auftrag der Hilton Corp, 1991.
Roethlisberger, F. J./Dickson, W. J., Management and the worker, Cambridge/Mass. 1939, 16. Auflage 1975.
Rückert, Weisheit der Brahmanen, Band 4, o. D.
Rückle, Horst, Körpersprache für Manager, Signale des Körpers erkennen und erfolgreich umsetzen, 2. Auflage, Landsberg/Lech 1982.

Salowsky, Heinz, Fehlzeiten, Eine Bilanz nach 20 Jahren Lohnfortzahlungsgesetz, unter Mitarbeit von Josef Zipfel, Köln 1991.
Schaper, Klaus, Zur Kritik des Moral Hazard Theorems der Überinanspruchnahme medizinischer Leistungen im GKV-System, Unveröffentlichtes Manuskript, Bonn 1978.
Scharioth, Joachim, Erfolgreich kommunizieren, Kommunikationseffizienz und Kundenbindung, in: Frankfurter Allgemeine Zeitung vom 03.09.1991, Nr. 204, Sonderteil Kommunikation und Medien, Seite B 19.
Schilling, Kurt, Geschichte der sozialen Ideen, Stuttgart 1957.

Schmidt, Josef, Erfolgspotential Mitarbeiter, Personal besser auswählen, Mitarbeiterfähigkeiten wecken und fördern, 2. erweiterte Auflage, Planegg/München 1991.
Scholz, Chr., Unternehmenskultur, Vier Erfolgsprinzipien, in: Gablers's Magazin, Betriebswirtschaft für Manager, 4. Jg., Heft 5/1990.
Seneca, Abhandlungen.
Sies, Claudia, Weniger zum Spaß als um zu sehen, ob es noch geht, Gefährdungen, Entwicklungen und Verwicklungen in der Lebensmitte – aus der Arbeit einer Psychoanalytikerin, Frankfurter Allgemeine Zeitung vom 15. Juni 1991, Nr. 136.
Steinmann, H./Schreyögg, A., Management: Grundlagen der Unternehmensführung, Konzepte, Funktionen, Praxisfälle, Wiesbaden 1990.
Stelzer, Josef, Ein Meister der Balance, Querdenker der Wissenschaft, in: Management Wissen, Heft 4, April 1991.

Thorbeck, John, Wie ich lernte, die Firmentradition zu lieben, in Harvard Manager, Theorie und Praxis des Managements, Heft 3, 13. Jg., III. Quartal 1991.
Transcending the Boundarie of Business, in: Harvard Business Review Nr. 3, Mai/Juni 1991.
Trebesch, Karsten, Fehlzeiten in Betrieb und Verwaltung, in: Nieder, Peter (Hrsg.), Fehlzeiten – ein Unternehmer- oder Arbeitnehmerproblem?, 1986.

Unternehmens-Künstler Megerle sprach in Marktredwitz: Wenn der Chef verwöhnt ..., Marktredwitzer Tagblatt, Tageszeitung für Oberfranken, Ausgabe vom 29.11.1990.

Vorgesetzte in der Pflicht, ohne Angabe des Verfassers, in: Management Wissen, Heft 4, April 1991.
Vroom, V., Work and Motivation, New York 1964.

Waal, Frans de, Wilde Diplomaten, Versöhnung und Entspannungspolitik bei Affen und Menschen, München 1991.
Weber, Dieter, Die Chancen durch den Leidensdruck, in: Management Wissen, Heft 4/1991.
Weber, Max, Die protestantische Ethik und der Geist des Kapitalismus, in: Archiv für Sozialwissenschaft und Sozialpolitik, Band 20 und 21, 1904 und 1905.
Wege zur neuen Offenheit, ohne Angabe der Verfasser, in: Management Wissen, Heft Nr. 4, April 1991.
Wenn auf jedem Flur die Bären lauern, Interview mit Psychologieprofessor Michael Kastner über hausgemachten Streß im Management, in: Manager Magazin, Heft 6/1991.
„Wer es nicht tut, gilt als dumm“, in: Der Spiegel vom 29.04.1991, Nr. 18/45. Jahrgang.
Wrede-Grischkat, Rosemarie, Manieren und Karriere, Verhaltensnormen für Führungskräfte, Frankfurt/Wiesbaden 1990.

Zempelin, Hans-Günther, Leistung im Betrieb – Fakten und Probleme aus der Sicht betrieblicher Herausforderungen und Folgerungen, Veröffentlichungen der Walter-Raymond-Stiftung, Band 16, Köln 1974.

Register